信息化新核心课程（NCC）新电商

U0685950

电商客户服务

教育部教育管理信息中心◎组编

李彪◎编著

人民邮电出版社

北京

图书在版编目（CIP）数据

新电商客户服务 / 教育部教育管理信息中心组编 ；
李彪编著. -- 北京 : 人民邮电出版社，2020.2（2022.6重印）
ISBN 978-7-115-52142-2

Ⅰ. ①新… Ⅱ. ①教… ②李… Ⅲ. ①电子商务—商
业服务—高等学校—教材 Ⅳ. ①F713.36

中国版本图书馆CIP数据核字(2019)第219535号

内 容 提 要

在当前电子商务蓬勃发展的背景下，电商客服已然成为电商经营过程中必不可少的一部分。本书通过理论与实践结合的形式，全面、系统地介绍了现今电商客服的工作内容以及做好客户服务工作的方法与技巧，旨在帮助电商客服从业人员深刻领会客服的服务宗旨并切实掌握工作技能。

本书共 7 章，主要包括电商客服岗位的基本要求，需要掌握的基础知识和相关技能，售前、售中、售后的工作方法，客服数据分析与应用，客户关系管理以及客服团队建设等内容。

本书可作为高等院校和各类电子商务培训机构的培训教材，还可作为电商从业人员全面了解电商客服的参考书。

◆ 组　　编　教育部教育管理信息中心
　　编　　著　李　彪
　　责任编辑　牟桂玲
　　责任印制　马振武

◆ 人民邮电出版社出版发行　　北京市丰台区成寿寺路 11 号
　　邮编　100164　　电子邮件　315@ptpress.com.cn
　　网址　http://www.ptpress.com.cn
　　北京天宇星印刷厂印刷

◆ 开本：787×1092　1/16
　　印张：14.25　　　　　　　　　　2020 年 2 月第 1 版
　　字数：234 千字　　　　　　　　2022 年 6 月北京第 6 次印刷

定价：49.80 元

读者服务热线：(010)81055410　印装质量热线：(010)81055316
反盗版热线：(010)81055315
广告经营许可证：京东市监广登字 20170147 号

信息化新核心课程系列教材编写指导委员会

主　　任：李建聪

副主任：石　凌

策　　划：马　亮　彭　澎

总主编：彭　澎　马　亮

新电商专业系列教材编委（按姓氏笔画排列）：

王　忆　王正言　王素艳　邓　贵　冯　慧　任秀芹　刘　敏

李　军　李　彪　李　楠　张　超　郑常员　胡晓乐　姜丽丽

蒋　晖

信息化新核心课程新电商专业系列教材专家组

组长：

侯炳辉　清华大学　教授

成员（按姓氏笔画排列）：

吴晓华　中国美术学院　教授

张　骏　中国传媒大学　教授

陈　禹　中国人民大学　教授

姜大源　教育部职业技术教育中心研究所　研究员

赖茂生　北京大学　教授

出版说明

信息技术的飞速发展，对教育产生了革命性影响。以教育信息化带动教育现代化，是我国教育事业发展的战略选择。构建覆盖城乡各级各类学校的教育信息化体系，促进优质教育资源普及共享，推进信息技术与教育教学深度融合，对于提高教育质量、促进教育公平和构建学习型社会具有重要意义。

教育部教育管理信息中心作为教育信息化的实施和技术支撑部门，在教育部网络安全与信息化领导小组和教育部科学技术司的统筹领导下，重点推动面向学生、教师、学校管理的教育管理信息化建设，自 2000 年起开展了多项信息化人才培训工作，培养了一大批信息化人才，在教育、教学、管理及其信息化支撑保障中发挥了重要作用。

根据《教育信息化 2.0 行动计划》的有关要求，为全面提升教师和学生的信息素养，我中心于 2019 年 4 月着手开展"信息化新核心课程"（以下简称 NCC）项目建设，以推进信息技术人才培养工作的转型升级。NCC 项目将整合行业优质资源，重点关注新技术，联合高等院校、企业共同建设专业核心课程，并以高等院校学生及相关专业教师为主要培训对象，以促进信息技术与教育教学、教育管理的深度融合为着力点，以推动新技术与岗位职业能力、创业就业技能的应用发展为导向，突出创新性、实用性和可操作性，并逐步建成与之相适应的多层次、多形式、多渠道的新型培训体系。

信息化新核心课程系列教材按照 NCC 项目建设发展规划要求编写，能满足高等院校、职业院校广大师生及相关人员对信息技术教学及应用能力提升的需求，还将根据信息技术的发展，不断修订、完善和扩充，始终保持追踪信息技术最前沿的态势。为保证课程内容具有较强的针对性、科学性和指导性，项目专门成立了由部分高等院校的教授和学者，以及企业相关技术专家等组成的专家组，指导和参与专业课程规划、教材资源建设和推广培训等工作。

NCC 项目一定会为培养出更多具有创新能力和实践能力的高素质信息技术人才，为推动教育信息化发展做出贡献。

教育部教育管理信息中心

2019 年 9 月

前 言

本书的编写初衷

电子商务在我国已经发展了二十余年，从最初的不被大众认识，到今天被消费者广泛接受，电子商务已经成为很多人生活中不可或缺的一部分，对消费者和社会都产生了巨大的影响。从消费者层面来看，网上购物、网上交易、在线电子支付等新鲜事物层出不穷，生活变得越来越方便；从社会宏观层面来看，直接或间接从事电子商务的人员已经达到数千万，电子商务交易总额也达到数十万亿元，社会经济因此大受裨益。

早期的电子商务大多是将实体店模式照搬到网络上，但近几年来，随着智能手机与社交媒体的普及，以社交型、多渠道为显著特征的电子商务也蓬勃发展起来。相应的，电子商务的发展对客户服务工作也提出了新的要求——从比较被动地承担客户和所服务企业之间的信息传递工作，转向主动地开展在线社交活动、做好客户关系管理，并在客户关系管理过程中以多种方式进行推广营销的复合型工作。基于此，我们为客服从业人员量身打造了本书，旨在帮助读者深刻领会客服的服务宗旨并切实掌握工作技能。

本书的内容

本书首先着重讲述了电商客服岗位的职责与要求，然后结合大量的话术案例详细讲解了售前、售中和售后3个环节的客服知识与工作方法，并介绍了客服数据分析和客户关系管理的内容，具体如下。

第1~2章主要介绍电商客服的重要性、职业素养、行为规范、工作内容、考核办法，以及应知应会的业务知识。通过对这两章的学习，读者可对电商客服岗位形成正确的认知——这是做好电商客服工作的重要前提。

第3~4章主要介绍服务话术，销售技巧，订单处理，发货、物流、退换货等问题，以及关于客户投诉、中差评的处理技巧。通过对这两章的学习，读者可以掌握售前、售中和售后3个环节的客服知识与工作方法。

第 5 章主要介绍客服数据分析与应用的方法。通过对本章的学习，读者可以掌握统计、分析客服销售数据的方法，为客服的绩效考核提供数据支撑，并依据数据结果发现客服工作中的短板，从而进行有针对性的培训与指导。

第 6 章主要介绍客户关系管理的重要性及管理方法。通过对本章的学习，读者可以对客户关系形成正确的认知，并学会高效管理、维护客户关系的方法，从而提高客户的满意度和忠诚度。

第 7 章主要介绍客服的招聘与培训、客服绩效考核以及客服团队激励与管理的方法。通过对本章的学习，读者可以了解如何招聘到合适的客服人员，如何对客服人员进行考核，如何更好地进行客服管理。

本书的特点

1. 结构合理，循序渐进

本书以电商客服工作为主线，从如何做好客服工作的前期准备到如何进行网店后台的操作、接待客户、服务客户，再到如何对电商客服人员进行培训、激励和考核，层层深入，让读者全面了解电商客服的工作内容，掌握电商客服工作的方法及服务技巧。

2. 案例丰富，贴合实际

本书中的案例，均源自电商客服工作一线，尤其是体现了淘宝、天猫皇冠级店铺客服人员的工作实践，这些经过实践检验的客服经验及服务技巧更具参考价值和借鉴意义。

3. 图解操作，易学易懂

本书涉及的操作部分，均以图解的方式进行讲解，零基础读者也可轻松上手、举一反三。

4. 经验分享，贴心点拨

书中特设"提示"小栏目，其内容都是资深客服人员在大量实战中总结和提炼的宝贵经验与操作技巧，可以帮助读者即时解决客服工作中的各种难题，避免走入知识理解或服务的误区。

5. 视频教程，全程辅导

本书配套提供所涉及软件工具操作的高清视频演示，视频内容清晰、直观，并配有语音讲解，以帮助读者能更好地运用信息技术处理客服工作，切实提升客服工作质量与工作效率。

6. 超值资源，免费获取

为便于开展教学，本书提供了配套的教学资源，包括 PPT 课件、本书同步操作视频等内容。扫描下方的二维码，关注微信公众号"职场研究社"，回复"52142"，即可免费获取这些资源的下载链接。

致谢

本书从规划、编写到出版，经历了很长一段时间，经过多次修改和逐步完善，最终得以出版。在此，衷心感谢教育部教育管理信息中心对本书的编写、出版给予的大力支持和帮助。此外，为了便于读者阅读和理解，本书中引用了一些优秀客服团队的话术案例，在此特向这些客服团队表示深深的感谢，感谢你们对教育工作的支持。

在编写过程中，尽管编者着力打磨内容，精益求精，但水平有限，书中难免有不足之处，欢迎广大读者提出宝贵意见和建议，以便后续的再版修订。本书责任编辑的联系邮箱为 muguiling@ptpress.com.cn。

编者

目 录

第 1 章

认识电商客服岗位

早期的电子商务大多是将实体店模式照搬到网络上，但近几年以来，随着智能手机与社交媒体的普及，以社交型、多渠道为显著特征的电子商务也蓬勃发展起来。相应地，电子商务的发展对客户服务工作也提出了新的要求。

1.1 电子商务与电商客服

在电子商务的岗位体系当中，电商客服是非常重要的岗位，而且其工作性质和工作内容也随着电子商务的发展而发展——从比较被动地承担客户和所服务企业之间的信息传递工作，转向主动地开展在线社交活动做好客户关系管理，并在客户关系管理过程中以多种方式进行推广营销的复合型工作。因而，想要全面了解电商客服，需要先了解电子商务的发展形势。

1.1.1 电子商务的发展现状

联合国国际贸易程序简化工作组对电子商务的定义：采用电子形式开展商务活动。由此，电子商务应具有两个明显的特点：一是不能离开互联网平台，二是通过互联网完成商务活动。

在近 20 年的时间里，我国电子商务从无到有，从粗放到精细，在形式、内容乃至理念等方面都经历了巨大的变化。如图 1-1 所示，从 1999 年开始，我国电子商务发展经历了萌芽阶段、高速增长阶段、纵深发展阶段和井喷式发展阶段。

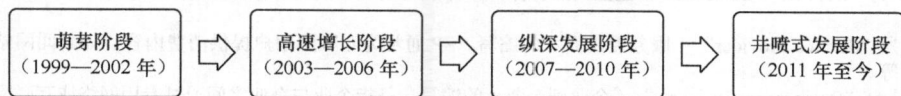

萌芽阶段（1999—2002 年） ⇒ 高速增长阶段（2003—2006 年） ⇒ 纵深发展阶段（2007—2010 年） ⇒ 井喷式发展阶段（2011 年至今）

图 1-1　我国电子商务发展阶段

我国电子商务各发展阶段的特点如表 1-1 所示。

表 1-1 我国电子商务各发展阶段的特点

阶段名称	特点
萌芽阶段	根据 2000 年公布的统计数据，当时我国网民仅 1000 万。在这个阶段里，网络用户的行为大多以电子邮件和新闻浏览为主。网络用户和市场均不成熟，当时较为流行的是以 "8848" 为代表的 B2C[①]电子商务站点，但 "8848" 在萌芽期的电子商务环境里生存艰难，最终以失败而告终
高速增长阶段	当当、卓越、阿里巴巴、慧聪、全球采购、淘宝等名词在这个阶段里成为互联网中的焦点。这些在电子商务环境下生长的企业，在短短的两三年之内迅速崛起，和网游、SP 企业[②]等一起改变整个通信和网络世界。高速增长阶段对电子商务来说有以下 3 个重要变化： （1）大部分网民接受网络购物 （2）中小型企业从 B2B[③]电子商务中获得订单 （3）电子商务基础环境逐渐成熟，如物流、支付、诚信等问题得以解决
纵深发展阶段	纵深发展阶段有一个最明显的特征：电子商务不局限于互联网企业，部分传统企业和资金流入电子商务领域，使电子商务世界更加丰富多彩。例如，当时的苏宁、国美等传统企业嫁接电子商务进行转型
井喷式发展阶段	在这个阶段，中国的电子商务发展达到新高度。这离不开国家政策的支持以及智能手机和移动互联网的普及，尤其是 5G 移动网络时代的来临，电子商务的发展将更为迅猛，并且会更为广泛和深刻地影响着更多人的工作与生活

随着我国电子商务的不断发展，其从业人员数量也在日益增长。电商客服作为电子商务的重要岗位之一，其从业人员也在不断增多，而且对从业人员也提出了新的要求。

1.1.2 新电商客服的重要特征

电商客服是从事电子商务活动的企业通过互联网服务于客户的一种工作形式，主要为客户解答售前、售中、售后的问题，管理客户关系等。当然，电商客服主要是通过

---

① B2C 为 "Business to Customer"（企业到消费者）的缩写，是指企业直接面向消费者开展商品零售和服务的商业模式。
② SP 为 "Service Provider"（服务提供商）的缩写。SP 通常为互联网用户提供消费内容，如新闻网站、游戏网站等。
③ B2B 为 "Business to Business"（企业到企业）的缩写，是指企业与企业之间通过专用网络或互联网进行数据信息的交换、传递，开展交易活动的一种商业模式。与 B2C 不同，B2B 的交易双方均为企业。

互联网在线服务于客户，但有时也会采用电话和短信等传统通信工具与客户进行沟通。与传统的线下客服工作相比，二者有一定的相似性，但总体而言也有较大的差异性，这些差异性就形成了新电商客服的重要特征。

1. 沟通方式更为多样化

无论是传统电商客服还是新电商客服，其工作本质上都是通过互联网平台为客户提供服务，如迎接客户、介绍商品、解决客户疑虑等。但新电商客服在具体的沟通方式上更为丰富，除了电商平台提供的沟通工具（如淘宝平台提供的千牛软件），以及传统的电话、短信之外，新电商客服还会通过微信、QQ 等工具建立客户群，对客户进行维护和管理；通过朋友圈、微博、微淘等工具发布新品及活动的信息，这些新的沟通方式及新的营销策略，作为新电商客服必须要有所了解。

2. 从以产品为中心转为以客户为中心

随着近几年电子商务市场的发展，电子商务逐渐从以产品为中心，转变为以客户为中心，具体表现是以内容为催化剂，带动客户消费，这种电子商务形式的变化也反映到了客服工作中。

例如，曾经的电子商务一般只是在淘宝、天猫、京东、当当等大平台进行交易，有时举办一些宣传、营销活动，然后静等客户访问店铺并购买商品。而随着电子商务环境的变化，不断涌现出新的平台，能为网络营销所利用，如企业可以通过微信公众号、抖音短视频 App 等内容平台做精准营销，通过不同形式的内容——图文、视频等强化消费场景，直击消费痛点，从而实现"间接地"向目标客户提供相应的商务服务，并促使其快速、便捷地完成购买流程。而这些内容发布的过程，通常是由客服配合营销部门来完成的，如直播推广时，客服要及时监视弹幕和留言，并进行引导或回复。

再如，有的商家主动把客户集中起来，根据客户的需求、爱好和消费习惯，提供专业性的消费建议，以达到促进客户购买的目的。例如，某家主营大码女装的线上店铺，通过客服反馈的信息，了解到大多数目标客户的痛点不是买不到大码衣服，而是不知道如何进行衣服的搭配。基于此，该店铺便通过在线直播的方式讲解大码女装的搭配技巧，并进行试穿，立竿见影地展示了服装的穿着效果，解决了目标客户的痛点问题。他们的直播在固定时间播出之后，就大受消费者欢迎，店内大码服装的销量也是节节攀升。

3. 从被动答疑转变为专业人士

由于互联网降低了发布信息的门槛，让很多人有了充分展示学识的平台，各行各业的专业人士也经常在网上发布专业知识，或为他人解答问题，其专业性往往能折服很多读者，专业人士推荐的产品通常也会被读者接受。同样的，客服在解答客户的疑问时，也要通过专业的应答在客户心中树立起专业人士的形象，增强客户对商品、对店铺的信任感。当然，这需要客服苦练内功，多储备商品及周边相关的专业知识才能胜任。

树立专业人士的形象，应该从专业、有效地帮助客户解决问题的角度出发。例如，某位客户询问的是大码女装，客服可以从大码女装如何穿搭才能显瘦这一关键点入手，给予客户专业化的说明与建议，才能让客户产生信任感。

【实例 1】

客户： 你好，我想问一问，你们店的 ×× 款衣服，详情页里写着模特身高 ×× 厘米，体重 ×× 千克，按说应该是比较胖的啊，但看上去模特给人感觉并不是那么胖，这是怎么回事啊？

客服： 您好，我是客服小静，很高兴为您服务！其实您这个问题很多人都问过我，有的客户还怀疑图片是 PS 出来的，或是觉得模特的数据不真实。其实这些猜测都不对。我们的模特数据是真实的，图片中也没有 PS 她的身材，之所以模特看上去显瘦，是因为造型师给她精心搭配了服装。俗话说"人靠衣服马靠鞍"，只要衣服穿对了，穿着的人看上去就可以显瘦、显高、显白。方便给我说说您的体型吗？我看能不能给您一点儿建议。

客户： （给客服发送了其身材照片）你看吧，我只有 155cm，体重是 65kg，上身倒还将就，但腿太粗了。

客服： 呀，您是鹅蛋脸呢！您的脸形看起来真不像 65kg 的。建议您平时尝试长裙、阔腿裤，以及长开衫等能遮腿形的穿搭。店内正好有条长款棉麻长裙，长度到小腿，能很好地遮住小腿最胖的位置。上衣就搭一件短款针织衫，如果能习惯高跟鞋的话，建议搭配一双 3 ~ 5cm 的高跟单鞋，这样整个人看上去既精神又显瘦。

客户： （看了商品详情之后）我又胖又矮都没怎么穿过裙子，怕驾驭不了呀！

客服： 您别担心，这款裙子长度正好，而且也比较宽松，您穿起来不但不会显胖，还会显得比较苗条。配上高跟鞋之后，一方面能增加您的身高，另一方面可以在穿跟鞋时锻炼腿部肌肉，让您整个人看起来更有精神。我再把针织衫的链接发给您看看。

客户： 嗯，这图片效果看上去不错，你们模特有没有同款的穿着视频，我看看效果？

客服： 商品链接里有视频，你单击三角形的播放按钮就可以观看了。您看模特体重虽然是 80kg，但穿起来还是挺显瘦的。另外，我建议您平时做一些有助于瘦腿的运动，如长跑、游泳、跳绳等。这类运动瘦腿效果是很明显的呢！另外，饮食方面可以多吃猕猴桃、木瓜、西柚、苹果等利于减肥的水果。但千万不要乱吃减肥药，会对身体造成更严重的伤害。

客户： 你懂得真多，你说的那套衣服我买来试试看，合适的话以后就认准你家了。

客服： 谢谢您的认可哦！其实，我自己就是个胖子，以前因为买衣服太痛苦，所以专门学习了一些穿衣搭配的技巧，这才逐渐找回了自信。

客户： 那你有空多教教我。

客服： 好啊，您可以加我微信，咱们有空多聊聊，一起做美丽的胖仙女。

在该案例中，客服从胖人穿搭这一痛点问题切入，建立起自己懂得穿衣搭配的专业人士形象，让这位本就有穿衣烦恼的客户获得了穿搭知识，使她自然而然地信任客服、信任商品、信任店铺。如果客服只是被动地问一句答一句，而不塑造自己的专业形象，就不能快速地取得客户的信任，同时也会降低成交的概率，甚至导致客户流失。

4. 从面对单独客户到面对客户群体

以往的电商客服，大多是进行一对一的服务，即一名客服与一名客户进行即时交流。随着电商营销方式的多元化，微淘、微博、朋友圈、公众号、微信群和 QQ 群等都成了营销的常用平台。在这些平台上，客服发布的相关信息不再是点对点式的，而是点对面式地"广而告之"。所以说，客服的工作也从以前的一对一发展成一对多，从面对一个客户到面对一个群体。此时，客服应兼顾大部分客户的喜好和利益，发布有一定影响力的内容或是便于互动的话题，以促进客户与客服、客户与客户之间的交流，这就是新电商时代客服工作内容的一个重要转变。

【实例2】

某家经营水果的店铺，在柑橘成熟的季节，与生产基地合作，推出高性价比的柑橘，于是客服在其微信朋友圈发布了新品布告，着重指出其价格以及"基地直摘"的新鲜，并且"有图有真相"地配上商品实拍图和基地采摘图，如图1-2所示。事实上，客服有技巧地发布应季新品信息，对目标客户群是有一定吸引力的。

图1-2　生鲜类目客服的朋友圈

【实例3】

某家经营女装的店铺，为了推广一套新到衣裙，客服便在其微信朋友圈发了一则消息，如图1-3所示。可见，该客服通过发布一组试穿实拍对比图——两位模特的身高体重差别虽大，但穿着效果都很好，打出类似于"胖瘦皆宜"的宣传语，成功地引起了目标客户群的关注与互动留言。

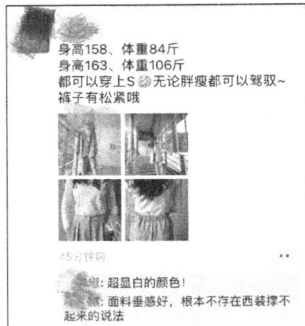

图1-3　服装类目客服的朋友圈

从以上案例中可以看出，"一对多"式的客户集中管理在推广新品、收集商品反馈信息、举办营销活动、处理售后问题等方面较为便利。不仅如此，宣传、营销的成本也大大降低了。因此，"一对多"式的客户集中管理模式被很多企业采用，集中管理客户也成为客服必须掌握的技能。

1.1.3　电商客服的重要作用

对电商客服有了较为全面的认知之后，其实不难看出电商客服之于电子商务活动的重要性。可以说，电商客服是电商团队中人数较多的一个群体，也是店铺中最重要的岗位之一。不同水平的客服能给客户留下不同的印象，好的客服能帮助店铺塑造良好的形象，能更好地提高商品成交率和客户回购率。此外，还能收集客户信息，为做好客户关系管理工作打下坚实的基础。

1. 塑造店铺形象

线上购物和线下购物不同，客户不能直接接触商品，只能通过视频、文字和图片来评估商品是否适合自己。这种不能亲自接触实物的购物形式往往让客户在购买时犹豫不决。客服作为商品和客户之间重要的沟通桥梁和纽带，在此时的作用尤为重要。

在客户提出问题时，客服如果能及时、耐心地解答，就会给客户留下好印象，提高客户对该商品及其相关服务的好感度。

【实例 4】

一位在线上店铺中浏览了电热水壶的客户找到客服，发生了如下的对话。

客户：你们这个电热水壶是不是正品啊？我看拼团价才 19.9 元。这价格太便宜了，我想买但又有点儿担心。

客服：亲，您好。我们是 ×× 品牌正式授权的经销商，店内的所有商品都是正品，不会卖假冒伪劣商品的。至于价格，因为 19.9 元这个价格是新客户专享的，老客户只能按原价购买，这是我们为了拓展新客户搞的一项活动。

客户：真的么？卖 19.9 元你们不是亏了吗？

客服：说实话，19.9 元的价格确实挣不到钱，我们就是为了支持平台针对新用户的活动，才推出了这个不赚钱的特价商品。质量您是完全可以放心的，7 天内无理由退换。此外，我们也有品牌厂家的授权书，您在详情页里可以看到。而且我们客服也全程为您服务，随时为您解决问题，您尽可放心购买。

客户：确实，你们客服的回应倒是蛮积极的。那我买一个试试看，如果不合适找你退。

客服：没问题的。谢谢亲的信任，有什么问题随时联系我。

在实例 4 中的客户，由于发现商品的价格特别便宜，因此对商家信誉和商品质量都有所顾虑。客服则详细说明了商品低价销售的原因，并强调其确为正品——获得品牌厂家的授权且详情页上有授权书的照片，成功地打消了客户疑虑；然后告诉客户一些售后保障的服务，又为客户解决了后顾之忧。这样周到热情的服务，不仅能促使客户下单购物，还能给客户留下好印象，获得客户的信任，为客户回购打下良好的基础。

客服在与客户交流的过程中，答疑、促购仅仅是基本工作。此外还应注意对店铺进行品牌宣传，如适时传递商家的创业故事或品牌的价值与意义，使客户加深对商家、店铺和品牌的印象及信任。如果客户在收到商品之后，对商品也满意，就自然会对该店铺更加信任，甚至自发地宣传店铺或所购买的商品。

2. 提高商品成交率和客户回购率

客服要善于交流并懂得一定的营销方法，能在为客户介绍商品时精准地抓住客户需求并适时地向其推荐合适的商品，以有效地提高商品的成交率。同时，客服若能给客户留下好印象，而商品质量也达到客户的预期，就能较好地提高客户回购的概率，从而提高店铺整体的销售额。

营销能力强的客服，其销售技能主要体现在以下几方面。

（1）主品销售量。所谓的主品，是指客户询问的那件商品。掌握较强销售技能的客服，其主品销售量也较高。

（2）关联商品销售量。关联商品是指与主品相关的周边搭配商品。例如，客户在购买咖啡时，客服会向其推荐各种品牌的咖啡伴侣、方糖，甚至是咖啡杯和咖啡勺等，这些就是关联商品。销售技能越强的客服，其关联商品的销售量也越高。

（3）客单价。客单价[①]是指该店铺在统计期内每位下单客户的平均交易额，其计算公式：客单价＝总销售额 ÷ 总下单客户数。销售技能较强的客服，其促成交易的客单价也比较高，因为这类客服善于把更贵的商品推荐给客户，并能够成功说服客户购买。客单价越高，说明该客服在统计期内对每个询单客户贡献的服务行为给店铺带来的销售价值越高。

---

① 关于"客单价"这一知识点的进一步讲解可详见 1.3.2 小节。

（4）客户回购率。客户回购率是指统计期内重复到店购买的客户数占所有成交客户数的比例，其计算公式：客户回购率＝统计期内回购客户数 ÷ 统计期内所有成交客户数 ×100%。一名客服经手的客户，如果客户回购率高，则说明该客服善于销售商品。

因此，一名销售技能良好的客服，可以提高商品的销量、客单价和客户回购率，为店铺带来更好的销售业绩。

3. 收集并反馈客户信息

客服是电商从业人员中与客户接触最为直接也最为密切的角色。客服能通过交流掌握客户的喜好，满意与否，不满在哪等信息，并将之反馈给店铺，为店铺调整商品或销售策略提供鲜活的第一手资料。

【实例5】

某店铺5月中旬推出一款售价为29.90元的小风扇，该小风扇可插电运行或安装电池运行。考虑到售价低廉，运营人员计划不赠送电池，并在商品详情页中介绍该小风扇可插电运行或由客户自行购买电池安装运行。

在该商品上线后的一周内，售后客服不断收到客户反馈，客户表示自行购买电池比较麻烦，希望商家配备电池，客户拿到手后可立即使用。售后客服将这一信息反馈给运营人员后，运营人员立即修改详情页，推出两种套餐供客户选择：一种是29.90元购买无电池小风扇，另一种是33.90元购买含电池小风扇。这就很好地解决了客户的诉求。

1.2 电商客服的职业素养与行为规范

客服应具备一定的专业素质，有服务意识，并遵循一定的行为规范，才能提高工作效率，成为一名合格的客服。

1.2.1 电商客服的职业素质

任何一个工作岗位都有相应的职业素质要求。对于电商客服而言，其职业素质主要体现于心理素质、技能素质和品格素质这3个方面，如表1-2所示。

表1-2　电商客服的职业素质

素质类别	具体内容
心理素质	（1）具有一定的抗挫折、抗打击能力 （2）面对突发事件，具备较强的应变能力 （3）情绪方面的自我掌控及调节能力 （4）永不言败的高昂心态
技能素质	（1）娴熟的沟通技巧，良好的文字语言表达能力 （2）丰富的商品知识与行业知识 （3）思维敏捷，具备对客户心理活动和情绪波动的洞察力
品格素质	（1）认真、忍耐、宽容与友善 （2）敢于承担责任 （3）顾全大局，有强烈的团队协作意识 （4）不轻易承诺，但承诺必须实现 （5）爱岗敬业，忠诚于企业，兢兢业业地做好每件事

客服应该在工作中努力提升自己的心理素质、技能素质和品格素质，才能更好地服务于客户，也让自己的客服工作变得更加轻松。

1.2.2　电商客服的工作准则

客服除具备一定的职业素质以外，还应遵守相应的工作准则，如恪守店铺秘密、及时反馈意见、接待好客户等。遵守工作准则并不容易，需要有一个适应的过程。事实上，在客服人员初入职时就应当加强工作准则方面的培训与教育，帮助新员工将行为规范和工作准则融入自己的一言一行当中，并逐渐使之成为客服人员下意识的工作习惯。

每个店铺制定的客服工作准则可能有所差异，下面列举的是一部分通用性的客服工作准则。

➤ 严格恪守店铺秘密，不得泄露店铺要求保密的信息，违者按店铺相关条例处罚，情节严重者将交由公安部门处理。

➤ 及时反馈意见。在与客户沟通中，如遇到客户提意见、有想法，客服应及时反馈给主管领导。

➤ 反应及时。与客户交流的过程中，客服应做到反应快、训练有素。例如，某店铺规定客户首次到访时打招呼的时间不能超过10秒；打字速度要快，并且不能有错别字；每次回答客户问题时，客户等待时间不能超过30秒；如果回答的内容过长，需分次回答。

➤ 做好营销活动的准备工作。在参加营销活动的商品更新、上架前，客服主管负责培训所有的客服，让客服在活动开展前掌握活动的相关政策及商品信息。

➤ 接待好客户。接待客户的过程中，注意使用文明用语，做到礼貌待客，为店铺树立正面形象。一个月内一位客服因服务原因被投诉的次数有限制，如果超过限制次数，店铺可根据具体情况做出相应的处罚。

➤ 热情亲切。客服的言语间应体现自然、真诚，用语要规范，称呼要亲昵，回答要亲切、有礼貌，让客户感受到热情、舒服，而不显得语气生硬。

➤ 专业销售。用专业的语言、专业的知识、专业的技能解答客户异议，在客户心目中树立起专家形象。

➤ 主动推荐和关联销售。善于向客户推荐店铺的主推款及要打的爆款，并主动给出关联推荐，以获得更高的客单价。

➤ 建立信任。通过交谈，找到和客户共鸣的话题，想客户之所想，急客户之所急，并能根据客户的具体情况提供恰当的建议，与客户建立起销售信任。

➤ 坚持写工作日记。每位客服应养成写工作日记的习惯。记录每天工作中遇到的问题，并对当天的工作进行总结，下班前发送给客服组长。

➤ 一带一的培新。新员工入职后，由部门主管安排老员工对新员工进行客服上岗培训工作，一人带一个，上手最快的新员工可以提前转正。

不要简单地认为工作准则只是写在纸上的规章制度，切实执行工作准则，不仅能促使客服人员养成良好的工作习惯，还能使店铺运营工作形成良好的反馈机制，从而提高店铺的整体服务质量和经营质量。

【实例6】

张华所在的拼多多售后客服小组规定：每天下班前客服都必须把当天日记发送给客服主管。客服主管根据日记对各个客服的工作内容进行查阅、总结。六月初，客服主管从日记中发现近期客户反映瓜子回潮的问题较为集中。于是，客服主管在原有的发货短信中增加了以下内容，"因为梅雨时节的到来，干货容易回潮、变质，收到货后还希望您仔细检查商品包装是否有破损现象。如果有，请及时与我们联系"。这条温馨的提示短信让客户感受到此店铺认真负责的态度，即使有客户收到受潮的瓜子，也会心平气和地与店铺客服进行沟通。这不仅能有效降低客户的投诉率，还提升了店铺做事严谨负责的品牌形象。

可见，遵守工作准则，养成良好的工作习惯，能使店铺整体的客服工作标准化、制度化，从而使客服工作得以平稳有序地开展，即使有客服人员辞职、转岗，标准化的客服工作也能使人员流动带来的影响减至最小。

1.2.3　电商客服的行为规范

上述有关客服的工作准则主要是面向客服人员的工作内容和工作要求的，此外，不少店铺还面向客服人员自身的行为制定了相应的行为规范。例如，有的客服虽然工作能力强，但个人卫生习惯很差，影响其他员工的观感，对这样的客服，客服主管应敦促其遵守关于个人行为方面的行为规范。

每个店铺制定的客服行为规范虽然不尽相同，但一些较有通用性的行为规范差别不大，主要包括考勤、个人形象、团队协作等方面。例如，某店铺的客服行为规范如下。

➤ 不得迟到早退。有事离岗需向客服主管请示且请假条需客服主管签字方有效。如需请假，须提前 24 小时联系部门主管，具体管理办法参考《员工薪资管理制度》。

➤ 不得做与工作无关的事情。社交软件中只能登录公司派发的账号，除此之外不能登录任何私人账号。严禁上班时间看与工作无关的视频、看小说和玩游戏等，严禁私自下载和安装软件。

➤ 注意个人形象。工作服装穿着不做严格规定，但不允许穿拖鞋及过于暴露的服装。保持办公桌面整洁，办公桌上禁止堆放杂物；保持办公室环境卫生。

➤ 爱岗敬业。刻苦钻研业务，努力提高自己的业务水平。以店铺的发展目标为自己工作的奋斗目标，以"服务没有终点"为原则，不断进取，改进工作方法，完善自我。

➤ 遵守规章制度。遵守店铺规章制度，服从店铺统一管理，不与客户达成私下服务协议。不私下收取客户任何形式的服务费用。

➤ 注重团队协作。所有客服人员应该协助或帮助其他同事共同为客户提供优质贴心的服务。

客服人员的行为规范看上去似乎无关紧要——至少不像客服的工作准则那样对工作有直接的影响，但实际上稍有不慎也会铸成大错。

【实例7】

某店铺客服王晓是一名刚从学校毕业进入客服行业的人员，因在校时养成了吃小零食的习惯，不顾店铺行为规范，悄悄带小零食到店铺，并存放在抽屉里，还美其名曰"减压小吃"。不久，小零食引来蟑螂，它们迅速繁殖，不仅破坏了办公环境，还破坏了库房环境以及商品外包装，给店铺造成了损失。客服主管查知后，对王晓进行了严厉的批评教育，责成王晓购买灭蟑药扑灭蟑螂，并按规定罚没其当月工资的一半，扣除当月绩效，并停岗2天学习店铺行为规范。

客服主管还决定，每隔一季度对所有工作人员进行行为规范和工作职责方面的笔试考核，考核不过关者一律停岗学习，直至考核过关方可上岗。该举措实施半年后，基本没有再发生过员工违规的事件了。

1.2.4 客服忌用语、禁忌行为及其他注意事项

在客服的日常工作中，某些用语和行为是明确规定不能出现的。例如，在工作中精神不振，态度懒散；在与客户的对话中出现错别字，频繁使用口头禅等。这里重点列举一些忌用语、禁忌行为，以及客服人员因疏忽而常犯的错误。

1. 忌用语

客服代表店铺与客户交流，在交流的过程中应注意避免出现非敬语、不确定的回答、明确的拒绝等词语或句子。

➢ 使用非敬语，如"你""你好"等，这会给客户留下不好的第一印象。

➢ 不确定的回答会给客户留下不够专业的印象，如"应该""大概""大约""左右"（在回答快递到达日期时除外）。

➢ 语气生硬，态度冰冷，会给客户留下不好的印象，如"随便""哦""你高兴就好"。

➢ 明确的拒绝客户，如使用"不行""不可以"等词语，没有照顾到客户的自尊心，导致客户流失。

【实例8】

新手客服小张负责达令家平台的售前工作，近期由于某款卫生纸在做引流活动，价格低廉，且询问的客户较多，他在接待时产生了不耐烦的负面情绪，导致出现以下对话记录。

客户：你好，卫生纸包邮吗？

客服：亲，您好。这款卫生纸除新疆、西藏地区外，其他地区都包邮哦。

客户：价格方面还能再给点儿优惠吗？

客服：不可以。这款商品已经是活动商品了，又包邮，很划算的。

客户：我没有在网上买过东西，听别人说都是可以讲价的，你们怎么不行？

客服：那你去别人那里买吧，我们这个不讲价。

事后客服主管询问该客户流失的缘由时，小张认为，活动价格已经给到最低，确实不能讲价，并且还有其他客户等着咨询问题，应该把时间留给其他客户。客服主管劝导小张，活动低价的目的在于吸引新客户。咨询量大时，确实应简短解说，但不能直截了当地拒绝客户请求，导致客户流失。例如，在客户要求优惠时，可以这样回答：

亲，如果您能够一次性购买10件以上，可以给您打九五折。要是少于10件我也爱莫能助了，因为这款活动商品其实是用来吸引客户的，基本不赚钱的。

如果客服一点降价的权力都没有，可以这样回答：

亲，刚替您问了主管，主管说这款卫生纸是包邮活动款，已经没有降价的空间了。您可以搭配我们店里其他非活动款商品一起购买，非活动款商品给您同等优惠。

2. 禁忌行为

作为服务人员，除了在语言上有禁忌外，有些行为也要禁忌，以避免在工作中损害店铺的形象。

- ➢ 拒绝给客户提供联系方式。
- ➢ 与客户发生争辩、争吵。
- ➢ 一口拒绝客户的要求。
- ➢ 不履行给予客户的承诺。
- ➢ 在接电话或挂断电话时，砸电话，摔手机。

➢ 独断独行，不听取别人意见，也不将好的工作经验与他人分享。

➢ 从不与同事交流及沟通。

➢ 工作没有效率，做事拖拖拉拉。

这里需要着重指出的是对于售后客服，其主要工作是解决客户的售后问题，当客户找上门来时，应主动承担解决问题的责任，并力所能及地帮助客户解决问题，而不是搪塞了事或是"踢皮球"。

【实例 9】

客户： 快递信息没更新了，能不能帮忙问问还有多久能到？

客服： 好的，您稍等，我帮您查询。

客服： 亲，查到了，包裹已经到距离您收货地址 300 多米的菜鸟驿站了，麻烦您自取一下。

客户： 可是我没收到取件短信，我怎么取？

客服： 您直接去菜鸟驿站说明您的情况就可以取了。

客户： 也看不到快递员电话号码，要不你把快递员的联系方式给我，我问他吧。

客服： 不用的，您直接去菜鸟驿站取件就行了。

客户： 我说了没有取件码，别人也不会给我。你能看到物流信息，就把快递员电话号码给我，我自己问。

客服： 不用那么麻烦的，你直接去取就行了，取不到再联系我。

客户去菜鸟驿站一经询问，由于没有取件码，也没有快递单号，没有取到该包裹，又再次联系该客服。

客户： 我说了取不到，你不信。现在好了，害得我白跑一趟。你给问问吧，到底怎么处理。

客服： 是快递员和菜鸟驿站的衔接有问题，我也没办法啊。我联系快递员，他就说在菜鸟驿站了，我以为可以直接去取嘛。

客户： 那我说叫你把快递员联系方式给我，我自己联系，你又舍不得。

客服： 什么叫我舍不得？我也不想发生这样的事，只是想着尽可能简单点儿处理好，不劳烦您又去联系快递员的。

客户： 算了，算了，我才不劳烦你，我退货处理！

在实例9中，当物流出现问题时，客服应先联系快递员，确认处理方式，再转告客户。必要时，也要把快递员的联系方式、快递单号告知客户，便于客户在需要时主动联系快递员处理。从客户角度来看，快递和店铺是"一起"的，自然认为物流出现问题就是店铺出现问题。所以，客服在接到客户反馈的物流问题时，应端正态度，耐心解答，切勿像实例9中的客服一样，把店铺的责任与快递公司的责任撇清，甚至认为自己也是"受害者"。

3. 其他注意事项

客服工作往往是忙碌而又琐碎的，下面总结了一些客服常常会忙中出错的事项，以引起客服人员的注意。

> 快递信息错误，如备注错快递名称，或改错地址。

> 发票错误，如开错品名、金额或发票抬头。

> 业务知识不熟悉。例如，当客户提出商品及相关疑问时，无法给予客户正确的解答。

> 售后信息疏于记录。例如，应记录的问题件[①]没有记录或者记录不全，以及记录的问题件没有处理。

> 未及时回复客户。例如，答应客户会稍后回复，却将整件事抛诸脑后，引起客户强烈不满。例如，售前客服在说完"稍等"后，足足让客户等了5分钟，这段时间很容易造成客户流失。

> 怠慢客户。例如，在信息处理不过来时有意或无意地怠慢客户。

> 频繁使用快捷回复[②]。例如，同一条快捷回复内容使用2次以上。重复的快捷回复会给客户带来不好的购物体验，客户会认为是机器人在自动回复，或者客服已经产生了不耐烦情绪。

> 自动回复[③]文字过期。例如，中秋节已过，自动回复中还包含中秋节活动的相关信息。

---

① 问题件：指因收货信息或者派送情况异常，无法及时投递的包裹。常见的情况有无收货人电话、收货地址不详、收件人要求延迟派送等。
② 快捷回复：指客服使用的交流工具中预设的回答，可以通过简单的操作发送给提问的客户。对于出现频率较高的问题，如营销活动等方面的问题，可预设快捷回复，能有效提高客服的工作效率。
③ 自动回复：与快捷回复类似，自动回复也是在交流工具中预设的回答。不过自动回复无须人工操作来发送，而是通过关键词匹配来自动判断并发送。例如，客户输入："请问发什么快递？"交流工具检测到关键词"什么快递"，便会自动发送预设的回答给客户，无须客服干预。自动回复的优点是不占用人工，效率更高；缺点是准确度不如快捷回复，有时会产生误判。

　　可见，这些忙中出错的事项大多集中在快递信息填写、发票开具、业务知识掌握、客户接待等方面。

　　客服应养成详细记录需要重点注意的事项的习惯，如用纸笔记录下来，并放在自己工位的醒目位置，时刻提醒自己，避免遗漏需要处理的事项。

【实例 10】

　　某店铺的客户因商品质量问题联系客服做退换货处理时，客服为表示歉意，答应在重新发出的包裹里赠送某件小礼物。但是，该客服当时没有将此事做记录，后来工作一忙就忘了通知库房放置小礼物，导致客户在收到货后发现客服没有履行承诺，客户非常生气。客户把聊天记录放在评价栏里，先对商品质量进行抨击，再对商家承诺进行质疑，这对店铺的品牌形象造成了负面影响。最后，客服主管出面，郑重向客户道歉并补发了赠送的小礼物，客户才删除了原来的评论。

1.3　客服应掌握的电商专业术语

　　无论是客服还是客服主管，都应对电子商务中的一些术语有所了解，因为这些术语与店铺业绩或客服业绩息息相关。例如，与店铺访问相关的术语——浏览量、访客数等，与订单相关的术语——客单量、客单价等，与转化率相关的术语——询单转化率、静默转化率等。客服与客服主管均应掌握这些电商术语的概念及其计算方法，才能有针对性地改进工作方式，优化工作流程，提高工作效率，从而提高客服工作的整体效率。

1.3.1　与店铺访问相关的术语

　　与店铺访问相关的术语主要包括浏览量、访客数和访问次数。这些数据指标可以在各个电商平台的后台查看。

1.　浏览量

　　浏览量（PV）指的是网页页面的浏览量或单击量。每一次页面被查看或被刷新，就算做一次 PV。该指标可以反映店铺的整体表现水平，包括页面视觉体验、页面间关联度水平、商品吸引度等，是提高转化率[①]、客单价的重要基础量化指标。

2. 访客数

访客数（UV）指的是店铺独立访客的数量，而不是访问的次数。例如，甲客户在3月1日当天00:00—24:00内进入某淘宝店铺5次，那么该客户带来的访客数应计为1，而不是5。该指标可以直接反映运营人员通过网络推广帮助店铺获取的客户数量。

3. 访问次数

访问次数（UPV）指的是同一个IP地址在短时间内对某个页面的访问次数。如果该IP地址反复访问某个页面，其UPV也只能计为1。量化访问次数主要是避免来自于同一个IP地址对页面的重复加载和刷新导致UPV虚高的情况。

访问次数一般大于访客数，即UPV应大于UV。如果UPV小于UV，说明很多客户在没有完全打开网页时就将网页关闭了。此时，需要检查网站的访问速度，查看是网站空间的问题还是网站程序的问题。

> **ⓘ 提示**　浏览量（PV）与访问次数（UPV）的区别
>
> 浏览量统计的对象是访客访问的页面量，如一位访客单击进入某个商品详情页，算1个PV；该访客单击"刷新"按钮后，即使还在同一页面，但已经算2个PV，所以PV是不断累积的。但是若同一位访客在同一个页面中刷新，不管刷新多少次，都只算1个UPV。

1.3.2　与订单相关的术语

在电子商务中，与订单相关的术语包括先款订单/先货订单、下单单量、下单金额、下单客户数、客单量、客单价等。其中，与客服相关的数据指标为客单量、客单价等，这些数据指标关系客服的业绩考核，是客服需要重点了解的内容。

1. 先款订单/先货订单

先款订单和先货订单较好理解：先款订单指的是先付款再发货的订单；先货订单指的是先发货，货收到后再付款的订单。目前，由于微信支付、支付宝等快捷支付工具的普及，在电子商务活动中大部分的交易都属于先款订单，只有少数订单才属于先货订单，如京东商城的"货到付款"订单就属于先货订单。

[①] 有关"转化率"的详细解释，可参见1.3.3小节的相关内容。

2. 下单单量

下单单量指的是统计期内客户提交的总订单量。先款订单在客户付款后列入统计，先货订单则是在客户提交订单后列入统计。

3. 下单金额

下单金额指的是统计期内下单数量与商品单价的乘积。注意：在操作时，应扣除团购优惠金额、套装优惠金额、单品直降优惠金额等。先款订单按付款时间统计，先货订单按订单提交时间统计。

4. 下单客户数

下单客户数指的是统计期内提交订单的客户数。先款订单在客户付款后列入统计，先货订单在客户提交订单后列入统计。

5. 客单量

客单量指的是统计期内平均每个客户购买商品的数量，其是店铺运营的重要衡量指标。客单量的计算公式为"客单量 = 下单单量 ÷ 下单客户数"。

例如，某店铺3月1日共有45单的下单单量，下单客户数为30，则客单量 = 45 ÷ 30 = 1.5（单）。

6. 客单价

客单价，这是很常用的电子商务术语，在1.1.3小节中也给出了其释义和计算公式。这里需要着重指出的是，作为衡量每个下单客户平均交易额的重要指标，客单价可从计算范围上分为全店客单价和客服客单价两类。当然，前者将计算范畴扩展到全店，而后者仅在某位客服或某个客服团队促成的交易中进行计算。客服客单价是衡量客服销售能力的重要指标。

例如，某店铺在3月1日当天的下单金额为2350元，下单客户数为35，其中，某客服经手的订单金额为1337元，下单客户数为18，则当日全店平均订单金额（即全店客单价）= 总销售额 ÷ 总下单客户数 = 2350 ÷ 35 = 67.14（元），当日该客服平均订单金额（即客服客单价）= 该客服经手的订单销售额 ÷ 该客服经手的下单客户数 = 1337 ÷ 18 = 74.28（元）。

客服可通过掌握客户的需求进行适时、合理的推荐来提高客服客单价，从而提高全店客单价。

1.3.3 与转化率相关的术语

在电商交易中，客户进店后并不一定会购物，也可能会因为各种原因而直接离开。实现购物的客户数量占进店客户数量的比例称为"转化率"。有的客户直接进店并购买，未曾询问客服，这类客户的购买行为应计入"静默转化率"；而有的客户则需要和客服进行交流，了解更多的商品信息之后才会下单实现购买，这类客户的购买行为应计入"询单转化率"。总的来说，转化率越高，交易单数就越多。

1. 客户转化率

在电子商务中，客户转化率指的是在统计期内，下单客户数占所有访问客户数（以下简称访客数）的比例，其具体计算公式为"客户转化率 = 下单客户数 ÷ 访客数 × 100%"。

例如，某店铺在 3 月 1 日当天，下单客户数为 45，访客数为 1350，则当日客户转化率 =45 ÷ 1350 × 100%=3.33%。

2. 询单转化率

询单转化率指的是在统计期内，客服接待的询单客户中，下单购物的客户数量与接待的询单客户数量的比例，其计算公式为"询单转化率 = 下单购物的客户数量 ÷ 客服接待的询单客户数量 × 100%"。

> **ⓘ 提示** 询单客户
>
> 客服接待的客户中，有购买意向的客户才是询单客户，不包括那些已下单，询问售中、售后问题的客户。

例如，某店铺 6 月 3 日当天，店内客服团队一共接待 1020 名询单客户，下单客户数为 42，则当日该店铺询单转化率 =42 ÷ 1020 × 100%=4.12%。

询单转化率表明的是客服究竟能够引导多少询单客户下单，引导得越多，说明该客服或该客服团队的营销能力越强。询单转化率既可以是整个客服团队的转化率，也可以是单个客服的转化率，在进行关键业绩指标（Key Performance Indicator，KPI）考核时，分别代表团队或个人的工作能力。

3. 静默转化率

静默转化率指的是在统计期内，客户访问商品详情页后，不通过客服直接成交的数量占访问该详情页的客户总量的比例。其计算公式为"静默转化率 = 静默下单购买某商品的客户数量 ÷ 访问该商品详情页的客户数量 ×100%"。

例如，某店铺 4 月 11 日当天，店内某商品详情页的访客数量为 1307，购买该商品的客户数量为 233，其中通过客服接待后再购买的客户数量为 150，则当日该商品详情页的静默转化率 =（233−150）÷ 1307 × 100%=6.35%。

因而，如果商品的视频、详情页等营销性内容做得好，卖点突出，能直接引导客户下单，即可提高静默转化率，这会为客服大幅减轻工作量，节省其时间成本，提高其工作效能。

1.4　电商客服的工作内容与考核办法

从前面的术语中可以知到，很多指标是可以用于考核客服的工作业绩的，如询单转化率、客单价等。不过，电商客服的岗位主要分为售前、售中和售后 3 类，因工作内容和职责的不同，所用的考核方法和考核指标自然也不一样。

1.4.1　售前、售中和售后客服的工作内容

在大中型店铺中，客服往往细分为售前客服、售中客服和售后客服，而客服人员也会经常轮岗、顶岗；在小微店铺中，客服常常一人身兼数职，因而客服必须全面掌握各个岗位的工作内容与工作职责，才能独立地完成工作。下面就来了解这 3 种客服岗位的具体工作内容。

1. 售前客服的工作内容

售前客服的工作内容主要包括售前知识储备、客户进店接待、督促客户付款、确认订单信息等，如图 1-4 所示。

➢ 售前知识储备。客服需要在平时储备关于

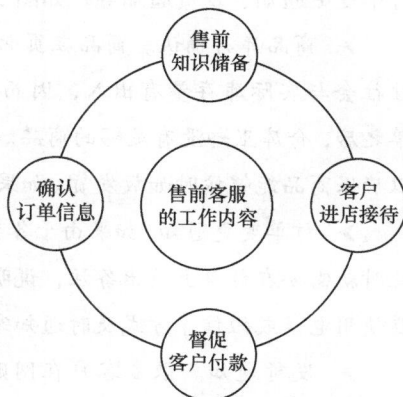

图 1-4　售前客服的工作内容

商品的专业性知识。这是因为与商品相关的问题客户咨询得最多，客服必须对商品有一定程度的了解，才能够熟练地回答客户的问题。一般情况下，新客服在上岗之前会经过必要的岗前培训，其中重要的培训内容就是学习必要的商品知识。此外，在每一件新商品上架之前，管理人员也会将相关的商品知识资料发送给所有的客服，甚至会专门为此举办新品知识培训活动。

➢ 客户进店接待。当客户对某件商品产生兴趣时，就会询问相关的问题，客服应当热情接待，并认真回答客户的问题。

➢ 督促客户付款。有的客户下单之后并没有立即付款，对于这样的订单，客服要及时与客户联络，督促客户及时付款。

➢ 确认订单信息。待客户下单并付款后，要向客户确认订单信息。有的客户是为别人购买，但忘了修改地址；有的客户本想把商品快递到公司，却忘了默认的收货地址是家庭住址。因而，在生成订单之后，向客户确认订单信息有助于及时改正错误的快递信息。当然，如果客户对确认信息没有进行回应，则按默认地址发货。

2. 售中客服的工作内容

售中客服的工作内容主要包括商品库存确认、订单变更通知、发货通知等，如图 1-5 所示。

➢ 商品库存确认。商品在页面上显示的库存量往往会与实际库存量有出入，因而有可能在客户下单之后，仓库里却没有足够的商品。因此，客服在发货前需要先确认商品的实际库存量，以确保商品能够按时如数发货。如果发现商品的数量不够，就要及时向上一级领导汇报。

图 1-5 售中客服的工作内容

➢ 订单变更通知。如果由于各种原因，导致订单不能及时发货，或者根本无货可发，此时就需要在订单上做出备注，说明变动事由、修改人的工号以及修改时间等。同时，要使用电话或短信等方式及时通知客户，以取得对方的谅解。

➢ 发货通知。很多客户在网购中都非常关注物流问题，因此在发货之后，最好通过便捷的通信方式（如在淘宝平台会常用阿里旺旺，或是直接使用手机短信等）给

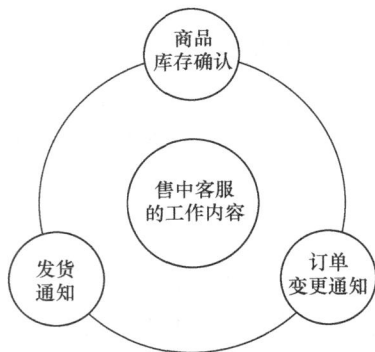

客户发送相应的发货信息，告知客户商品已发出并给出快递单号，以增强客户对店铺的好感。

3. 售后客服的工作内容

售后客服的工作内容主要包括评价处理、售后维护、客户回访等，如图1-6所示。

> 评价处理。交易完成以后，客户往往会对此次交易做出评价，而客服也需要对客户进行评价。例如，如果客户对交易做出了好评，则客服应就客户的评价做出表示感谢性质的回评；如果客户对交易做出了中差评，则客服需要联系客户，沟通客户不满的原因并尽力解决问题，使客户自愿将原来的中差评改为好评。当然，如果沟通无效，客服则需要在该客户的评价下面做出解释性的回评，尽可能地降低其负面影响。

图 1-6　售后客服的工作内容

> 售后维护。当客户对商品的使用或者质量有疑问时，通常会联系客服询问相关的问题，客服要对此进行详细的回答。当客户需要退换货时，客服应提供相应的退货地址，并与客户协商好邮费等问题。

> 客户回访。交易完成后，客服需要对客户进行定期或不定期的回访。回访内容主要包括是否满意商品质量，使用中有无问题，对相关商品有无兴趣，以及告知客户最新的店铺活动优惠信息等。回访的三要目的，一是及时发现客户没有直接反馈的问题；二是提升店铺在客户心中的存在感，加深客户对店铺的印象，为客户再次进店购买做好铺垫；三是营销其他关联商品或是做新品的宣传营销等。

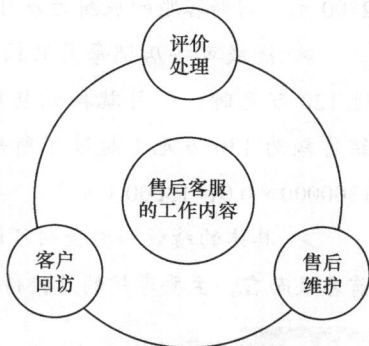

1.4.2　了解客服各岗位 KPI 考核

客服的高效管理应基于各种可计量的数据，如果没有数据，则无法准确衡量客服的工作业绩，从而做不到精确考核，也就谈不上高效管理。

数据是管理的基础，有了具体数据不但利于监督和考核客服，而且也让奖惩度量有了具体的依据，所以店铺一般会制定好适合店铺发展的、相对公平且行之有效的绩效考核方案，再按照该方案对客服的薪资进行系统的管理，以实现对客服的正负向激励作用。

例如，薪资方面的构成一般为"底薪＋绩效＋提成＋奖金"。

➤ 在底薪方面，新客服的底薪一般为老客服的80%。例如，老客服底薪若是每月2500元，则新客服的底薪为每月2000元。

➤ 提成可按店铺每月的销售额来计算。例如，某店铺规定当店铺的月销售额超过120万元时，当月就按销售额的1%给客服团队计算提成。假设4月份该店铺的销售额为130万元（超过了所规定的120万元），则客服团队可获得的提成金额是1300000×0.01=13000（元）。

➤ 具体的绩效和奖金则可以根据各个客服的KPI评分高低来计算。例如，对于售前客服而言，主要考核的是接待量、响应时间、客单价等。

> **ℹ 提示** 关于 KPI

KPI通常用于数据化地衡量一个岗位的工作成绩。在客服工作中，KPI一般包括DSR（其详细解释参见表1-3的相关内容）、平均响应时间、客单价、接待量等。

由于各个店铺的情况不尽相同，其具体的KPI与所设的分值也会有所不同。下面给出常用的售前、售中和售后各岗位的KPI考核体系（在实际工作中，各个店铺还会根据自己的需要进行调整和完善）。

1. 售前客服 KPI 考核参考

售前客服的KPI，主要包括DSR、主动性、接待量占比、平均响应时间、客单价、询单转化率和聊天质量等几方面，其具体标准、分值和权重比等内容如表1-3所示（仅供参考）。

表1-3 售前客服 KPI 的主要指标

KPI 指标	详细描述	标准	分值	权重比
DSR	DSR 指的是客户在交易完结后给店铺的"描述相符""服务态度""物流服务"3项的评分。一般是将月末的值与月初的基准值进行比较	提高	100	5%
		持平	90	
		下降	80	
		严重下降	50	

续表

KPI 指标	详细描述	标准	分值	权重比
主动性	在与客户交流的过程中，三动询问客户需求的次数。按抽检比例计算（如抽查了10次，6次主动发问，则为60%）	100%	100	20%
		95%～＜100%	90	
		90%～＜95%	80	
		80%～＜90%	70	
		70%～＜80%	60	
		＜70%	50	
接待量占比	客服接待访客数量在总访客数量中的占比	100%	100	10%
		95%～＜100%	90	
		90%～＜95%	80	
		80%～＜90%	70	
		70%～＜80%	60	
		＜70%	50	
平均响应时间	从客户发起咨询至客服做出回复所用时间的平均值，单位为秒	＜20	100	10%
		20～＜30	90	
		30～＜40	80	
		40～＜60	70	
		60～＜80	60	
		≥80	50	
客单价	在统计期内，客服的所有订单金额除以该客服服务过的下单客户数，单位为元	≥70	100	15%
		65～＜70	90	
		60～＜65	80	
		55～＜60	70	
		50～＜55	60	
		＜50	50	
询单转化率	在客服接待的询单客户中，下单购物的客户数量占接待的询单客户数量的比例	≥70%	100	20%
		65%～＜70%	90	
		60%～＜65%	80	
		55%～＜60%	70	
		50%～＜55%	60	
		＜50%	50	

续表

KPI 指标	详细描述	标准	分值	权重比
聊天质量	抽查聊天记录，根据聊天质检标准打分，重点检查投诉、回答错误等	日常服务聊天记录抽查	100	20%
			90	
			类推	

例如，某客服 6 月的 DSR 分值为 90 分，乘以其权重比 5%，则其 DSR 的最终得分为 90 × 5%=4.5（分）。依次类推，主动性分值为 90 分，乘以其权重比 20%，最终得分为 18 分……假设最终该客服的 DSR 分值为 4.5 分、主动性分值为 18 分、接待量占比分值为 8 分、平均响应时间分值为 8 分、客单价分值为 12 分、询单转化率分值为 18 分、聊天质量分值为 18 分，则该客服的 KPI 得分 =4.5+18+8+8+12+18+18=86.5（分）。此分数属于中上水平，并可据此分析该客服在平均响应时间方面还可做进一步提高。

> **ℹ️ 提示　加分项和扣分项**
>
> 除了以上考核维度，还可制定其他的加分项和扣分项。例如，销售金额较大的订单，奖励 5 分；客单价当月第一，奖励 3 分；询单转化率当月第一，奖励 3 分；由于个人原因造成客户投诉，扣 2 分；客户评价中点名被批评，扣 2 分，等等。

2. 售中客服 KPI 考核参考

相比售前客服和售后客服，售中客服的工作较为简单，其可考核的内容也相对较少，具体包括确认订单、修改订单、确认发货和客户关系处理等，供参考的指标如表 1-4 所示。

表 1-4　售中客服 KPI 的主要指标

KPI 指标	详细描述	标准	分值	权重比
确认订单	确认订单付款情况和商品信息	订单无误	100	20%
		付款信息有误	90	
		商品信息有误	80	
		订单付款信息和商品信息皆有误	50	

续表

KPI 指标	详细描述	标准	分值	权重比
修改订单	修改订单价格，关闭无效订单	修改订单无误	100	30%
		关闭订单有误	90	
		修改价格有误	80	
		修改有误导致投诉	50	
确认发货	查看订单信息，确认备注信息	订单核实无误	100	20%
		订单核实有误但及时修正	90	
		订单核实有误导致退换货	80	
		订单核实有误导致投诉	50	
客户关系处理	把已经购买的客户加入旺旺群、QQ 群、微信群等	由客服主管打分		30%
	根据店铺活动内容定期为老客户推送促销消息，并以值班时间为准，对群内客户咨询做出回应			
	整理和分析在客户关系处理中的问题和改善方法，并提出有效意见反馈给客服部主管			

另外，售中客服在修改订单时，应及时为订单做备注。如果遇到订单异常的情况，客服应及时联系库房，协商处理该异常订单，直到该笔交易结束。平时应整理和分析快递与库房的交接问题，提出改进意见，客服主管将根据客服的具体表现酌情加分。

3. 售后客服 KPI 考核参考

售后客服 KPI 考核可参考的关键指标包括 DSR、接待量占比、差评处理、回购比等几方面，其具体标准、分值和权重比等指标如表 1-5 所示（仅供参考）。

表 1-5　售后客服 KPI 的主要指标

KPI 指标	详细描述	标准	分值	权重比
DSR	DSR 的服务动态评分，具体数据可参考月初与月底的对比	提高	100	5%
		持平	80	
		下降	60	
		严重下降	50	

续表

KPI 指标	详细描述	标准	分值	权重比
接待量占比	客服每天接待访客数量在总访客数量中的占比	100%	100	30%
		90% ~ < 100%	90	
		80% ~ < 90%	80	
		70% ~ < 80%	70	
		< 70%	60	
差评处理	处理差评的数量占比，即客服每天（每月）处理差评的数量与店铺总处理差评的数量的比例	100%	100	10%
		90% ~ < 100%	90	
		80% ~ < 90%	80	
		50% ~ < 80%	70	
		< 50%	60	
回购比	单个客服引导客户回购数量与所有客服引导的总回购客户数量的比例	100%	100	10%
		90% ~ < 100%	90	
		80% ~ < 90%	80	
		70% ~ < 80%	70	
		< 70%	60	
聊天质量	抽查聊天记录，根据聊天质检标准打分，重点检查投诉、回答错误等	日常服务聊天记录抽查	100	15%
			90	
			类推	
平均响应时间	从客户发起咨询至客服做出回复所用时间的平均值，单位为秒	30 ~ < 50	100	10%
		50 ~ < 100	80	
		≥ 100	60	
电话服务占比	单个客服接打电话数量与所有客服接打电话总数量的比例	100%	100	10%
		90% ~ < 100%	90	
		80% ~ < 90%	80	
		50% ~ < 80%	70	
		< 50%	60	

续表

KPI 指标	详细描述	标准	分值	权重比
回评百分比	单个客服引导客户回评数量与所有客服引导的总回评数量的比例	100%	100	10%
		90% ~ < 100%	90	
		80% ~ < 90%	80	
		50% ~ < 80%	70	
		< 50%	60	

同样的，售后客服 KPI 除了以上考核维度，还可制定其他的加分项和扣分项。例如，执行力较强的客服，可灵活加分；因客服的个人原因造成客户投诉的，扣 2 分；客户投诉中点名被批评的客服，扣 2 分，等等。

4. 客服日常行为规范考核

客服接待客户的行为规范会影响客户对店铺的印象，因此店铺往往也会对客服的日常行为规范进行考核，一个典型的考核体系如表 1-6 所示。

表 1-6　客服日常行为规范考核表

分类	描述	扣分
响应慢	在与客户交流或客户评价中被指责响应慢，不理人，超时响应未致歉并未得到客户谅解	-2
服务态度差	（1）服务过程中给客户的体验差，重复使用 2 次相同的快捷用语 （2）使用 5 条以上快捷用语 （3）出现反问、质疑、抱怨、无奈、比喻不当的情况 （4）用词不当 （5）一次完整的交流中，回复字数少于 10 个字的情况出现 2 次以上 （6）与客户聊天中明确表示不满，服务过程中无姿态、敷衍	-5
业务知识解读错误	在服务过程中未能解答客户问题或解答错误，如复制、粘贴信息错误，使用错误快捷用语等，回答的内容包含但不限于错误地回答活动问题、商品问题等各个方面）	-3
拒绝服务	客服对客户反馈的问题爱答不理，包含但不限于客服未向客户给出处理时效或处理方式；处理问题时有不当操作等，如发货前客户要修改地址，客服未及时跟进收货地址导致客户体验差等	-2

续表

分类	描述	扣分
答非所问	在服务客户的过程中，不能有针对性地解决客户的问题，包括答非所问，回答不完整，或者回答过于重复、啰唆等	-5
单方案提供	在接待客户及处理问题的过程中，客户不满意客服提供的解决方案时，客服没有及时提供另一种解决方案以满足客户的需求	-3
私自挂断电话	在服务过程中，不可无故挂断客户电话或打断客户	-5
电话、微博、微信等投诉	客户通过电话、微博、微信、贴吧等进行投诉	-5
回评	出现词不达意的回评	-10
执行力	同一个错误提醒后再犯，按正常扣分的2倍扣罚	
订单备注	对于客户的要求需转接其他客服或库房时，备注不详，造成未及时转接而导致客户投诉	-5

从表1-6中可以看出，客服响应慢、服务态度差、答非所问等情形，可视具体情形扣分，而分数又与绩效考核直接挂钩，因此，一般店铺会据此有效地规范客服的日常行为。

1.4.3　客服团体工作成效的衡量方法

综上，通过客服各岗位KPI体系可详细考核到每位客服的工作成效，那么对于客服团体工作究竟做得好不好该如何衡量呢？在1.1.3小节中提及，客服的一项重要作用是"塑造店铺形象"，事实上这是客服最为核心的作用。而"塑造店铺形象"又该怎样衡量呢？这可以从考量客户群体在与客服交流过程中的体验展开评估。

那么该如何评估"客户体验"呢？不少电商平台会提供店铺指标分析的工具，其中就提供了有关客户体验的整体数据，使店铺对客服团体工作成效的评估能用"数据说话"。下面便以淘宝平台的"体验指标"为例说明如何通过各种体验指标来考量客服团体的工作成效，其操作步骤如下。

（1）部分商家可以通过千牛工作台界面的"店铺"菜单中的"体验报告"超链接查看体验指标。其他未开通"体验报告"入口的商家，可通过询问淘宝官方客服人员获得体验报告页面的网址，然后点击该网址可直接访问体验报告页面。

（2）"体验报告"页面如图1-7所示。该页面中默认展示的是近30天的客户体验数据，其细分项包括"商品体验""纠纷体验""物流体验""售后体验""咨询体验"等。也可以通过图1-7所示页面右上角的"统计日期"时间框自定义展示的时间段。在各个项目中，"指标表现"和"指标趋势"都很直观，可以看到具体的数据和趋势图；最后一个"同行对比"图形可能不易理解，简单地说，其色块区域占比越大，说明数据指标表现越好。

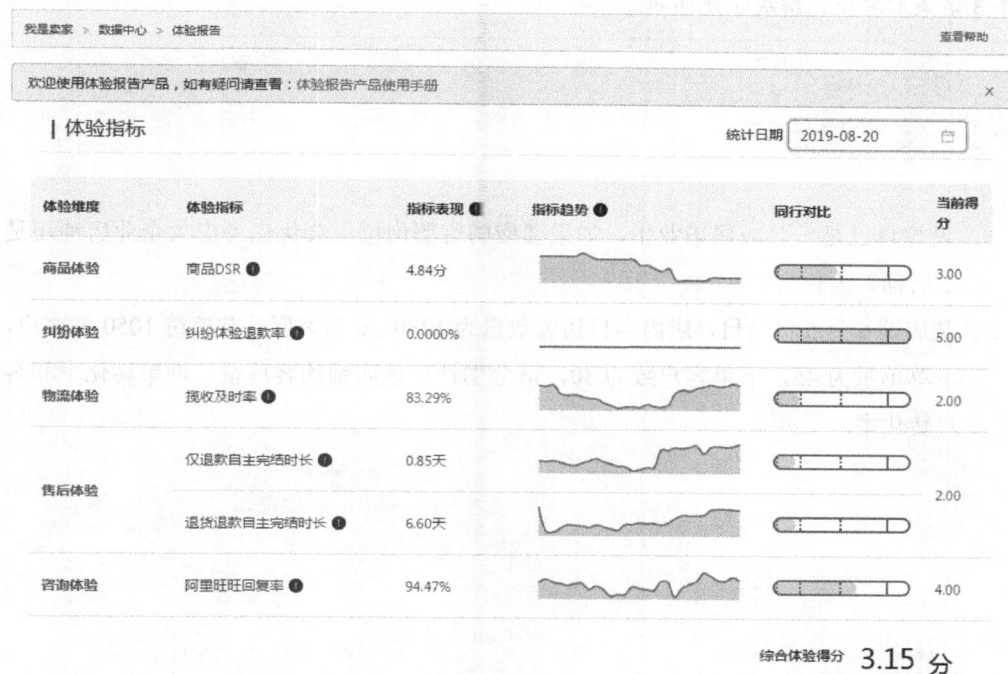

图1-7　"体验报告"页面

i 提示　查看行业平均数据

将鼠标指针停放在"同行对比"色块区域上，可以查看到同行优秀商家和行业的平均数据，从而掌握店铺需要提高的目标数据。

从图 1-7 中可以看到，纠纷、物流和咨询等体验都与客服的工作有关。虽然无法根据这些数据来评判某一位客服的工作成绩，但从中可以看出客服团队在某方面服务的总体成效，并可据此做出有针对性的改进。

【实例 11】

某店铺客服主管通过查看"体验报告"数据，发现店内阿里旺旺的回复率低于行业平均水平。调查原因后，发现并非是客服团队工作效率不高，而是随着销售旺季的提前来临，进店咨询的客户数量大增，客服忙不过来导致的。找到原因后，客服主管招聘了 3 名兼职客服，解决了此问题。

1.5　实践与练习

1. 设想自己是一名应届毕业生，如果要应聘客服岗位，会优先考虑大企业店铺还是小店铺？为什么？

2. 某店铺 6 月 5 日当日，店内当日访客数量为 1280，6 名客服一共接待 1050 名客户，下单单量为 45，下单客户数为 30，请分别计算该店铺的客单量、询单转化率和客户转化率。

第2章

电商客服的基础知识

作为一名电商客服，需要有较高的综合素质，不仅要懂得分析客户行为心理，对客户进行恰当的推动与引导，还应掌握电商的基本知识，熟悉各个电商平台规则，了解并遵守店铺所制定的客服工作制度，只有具备了这些基本知识和技能，才能胜任此岗位。

2.1 从行为心理学的角度了解电商客户

客服主要是一个与人打交道的工作，工作内容包括解答客户的疑问，为客户提供适用的购买建议，提高询单转化率，并通过有效的客户关系管理，提高客户满意度，从而为店铺带来更多收益，树立更好的品牌形象。可见，客服工作实质上是实现良好的沟通，因而掌握必要的客户心理学方面的知识，会使"沟通"更为顺畅、高效。

2.1.1 电商客户购物时常见的行为类型

电商客户的性格特点虽然是千差万别，但仅就其购物时的行为特点而言，大致上可以分为主动型、被动型两种类型。这两种类型的常见表现、心理需求、沟通方式、决策倾向如表2-1所示。

表 2-1　电商客户购物时常见的行为类型

客户类型	常见表现	心理需求	沟通方式	决策倾向
主动型	反应速度快，喜欢质问；果断，爽快，以事实为中心	喜欢占据主导位置，目标明确，时间观念强，常常是发问方	态度强硬，直击重点	追求商品的实用性，决策果断

续表

客户类型	常见表现	心理需求	沟通方式	决策倾向
被动型	语速平稳，善于倾听；友好，镇静，决策较慢	按部就班，多疑，求稳	语言轻松、随便，喜欢闲聊	深思熟虑，决策迟缓

当然，很多客户的性格可能介于上述两种性格之间，并不具有特别鲜明的主动型或被动型的性格特征，如某客户可能较为偏向主动一点，但不是完全的主动型，有时也需要客服稍微地"推动"对方做出决定。这就要求客服在与客户交流时，要善于根据其语言特点来判断所属类型，并快速决策使用哪种沟通方式。

【实例1】

客户：（发送了一款手机的链接）你们这款手机的详情页我看了好几遍，感觉还可以，不过有一些细节你们没有讲清楚。

客服：亲，什么地方不清楚，您说，我为您解答。

客户：你们的屏幕说是用了 X 类型的，但具体是哪个品牌的没有写。

客服：亲，这款手机的屏幕是由 A 企业生产的，A 企业是全球知名液晶面板生产厂家，质量是有保证的。

客户：A 企业？听说 A 企业最近出货的屏幕是质量不太好的批次，有的屏幕会泛黄。假如我买了你们这款手机，你能保证屏幕不泛黄吗？

客服：我们没有听说过这样的传言呢，亲。不过您放心，如果您觉得屏幕有问题，7 天之内可以无条件退换的，只要手机没有受到任何损伤，不影响二次销售即可。

客户：这样啊，也还可以，我再考虑一下吧。

客服：亲，不知道您有没有注意到店铺首页正在发放优惠券呢？您可以领一张满 2000 元省 100 元的优惠券，正好可以用在购买这款手机上。

客户：好的，我待会去领。

客服：亲，这次优惠活动到明天就截止了。您要是真喜欢这款手机，不妨早点下单，省下 100 元可以购买本店配套的手机壳、移动电源等外设，很划得来的。

客户：有道理，那我马上领券买了算了。

　　案例中，客户一开始就连续发问，显得比较有主动性，此时客服以柔和的语气，清楚、明晰地回答了客户的问题；然而在提及购买时，客户产生了犹豫，此时客服对客户进行了适当的"推动"，让客户下定决心购买。这说明人的心理状态是可能随时发生变化的，客服要明辨客户当下的心理状况，有的放矢，而不要一上来就为客户定性，否则会发生"差之毫厘，失之千里"的错误。

2.1.2　C 端客户的购物需求与心理活动

　　电商中 C 端客户主要指的是个人消费者，C 是 Consumer（消费者）的英文缩写。电商客服的主要服务对象就是 C 端客户，因此，了解 C 端客户的购物需求与心理活动，根据 C 端客户的心理诉求达成有效沟通，是更好地帮助客户解决问题、满足客户需求、促成更多交易的先决条件。

1.　从众心理

　　法国著名社会心理学家古斯塔夫·勒庞撰写了一本解析群体心理的经典名著——《乌合之众：群体心理研究》。在书中，勒庞阐述了群体以及群体心理的特征，指出了当一个人是一个孤立的个体时，他（她）有自己鲜明的个性化特征。而当这个人融入了群体后，他（她）的个性会被群体所淹没，他（她）的思想会被群体的思想所取代。

　　这精辟且透彻地分析了我们所熟悉的"从众心理"，而具有这种心理的人在生活中比比皆是。例如，很多人想去一个景点游玩，喜欢先到大众点评、美团等平台看看其他人对这个景点的评价，如果评价太差，就不会选择该景点；又或者在一部新电影上线时，很多人会先去豆瓣网看看该电影的评分和评价，根据大家的反映来决定观看与否。

　　因而，不仅领导者需要掌握好从众心理，以便更好地把握社会现实，理解群体心理，获得集体力量，而且商业运作者也需要用好从众心理，以便促成更多的成交。就客服工作而言，掌握从众心理，能更高效地促成引导性的沟通。例如，客服在向客户介绍商品时，可以如此介绍，"很多宝妈都在用这款尿布""这款保温杯去年冬天卖断货了，大部分都是像您这样的年轻人买来孝敬老人的，您可以看看这款保温杯的评价，反馈都很好"……这样的话术就是巧妙地利用了从众心理——通过大众评价使客户放心地购买。

> **ℹ️ 提示　部分客户不适用从众心理引导法**
>
> 通常来说，女性比男性更容易受从众心理的影响，性格内向的人比性格外向的人更容易受从众心理的影响。在沟通过程中，如果发现客户比较有个性，就要谨慎使用从众心理来引导对方，以免适得其反。

2. 好奇心理

好奇心人皆有之，可以说它是驱动人类社会发展的动力之一。在客服工作中，也可以巧妙地利用客户的好奇心理进行沟通。一般情况下，可以通过以下几种方式调动客户的好奇心。

> ➢ 购买本店商品，有神秘小礼品赠送哦！
> ➢ 这本小说还有某位名人的亲笔签名，您拿到手就知道了！
> ➢ 其实，这款投影仪还有一个方便又有趣的小功能，我们没有在详情页中进行介绍，您可以在使用过程中自行发掘哦！

当然，在实际运用当中，要注意把握好尺度，不要过犹不及，因为一味装神秘会引起客户的反感，尤其是那些急性子的客户。

3. 追求性价比的心理

在同等条件下，性价比是不少 C 端客户选购商品的重要参考指标。通俗地讲，就是要判断购买此款商品是否划算，自己是不是能得到实惠。性价比越高的商品自然是越实惠。客户在购买商品时总是喜欢货比三家，目的就是买到性价比最高的商品。因而客服在介绍商品时，可以在适当的时候强调其性价比，从满足客户"图个实惠"的心理需求出发来打动客户。例如：

> ➢ 这款大衣目前正在打 7.5 折，性价比非常高哦！今天是最后一天了，过了零点马上恢复原价！如果您喜欢的话，请一定抓紧时间下单！
> ➢ 目前购买我们这款电饭煲即赠送价值 180 元的骨瓷碗一组，非常实惠，赠品只有 300 套，送完为止，请抓紧时间购买！

一般情况下，向客户解释性价比高的方式主要有 3 种：在同等质量条件下商品的价格低；在同等价格的情况下商品的质量高；在同等质量同等价格的情况下附加了更多的服务或赠品。

那么，如果商品的价格高，又不赠送额外的服务或小礼品，该如何向客户解释其性价比呢？请看下面的实例 2，仔细体会亥实例中客服的话术。

【实例 2】

客户： 你们这款保健鞋我挺喜欢的，不过价格感觉贵了点儿。

客服： 是的，您说得对，我们这款保健鞋是比同类品要贵 5% 左右，但物有所值呢！因为这款保健鞋有全方位波纹按摩功能，可以促进脚部血液循环，促进全身新陈代谢。我亲自试穿了 3 个月，真的感觉精神变好了许多，晚上睡觉也更香了。

客服： 除了波纹按摩，鞋底材质中还含有远红外织物，能够深层刺激脚底穴位和经络，对人体的五脏六腑也有保健作用。很多女性客户反馈说，原本冰冷的脚，穿了我们的保健鞋之后，现在没那么容易冷了。

客服： 另外，在鞋面的夹层里还埋着由一几味名贵中药材粉末做成的药包，对脚气、脚汗和脚臭等都有很好的抑制效果。

客服： 其实最体现我们用心的是，为了设计出最舒适的鞋形，我们的商品设计师采集了 12000 双脚的样本，根据大数据设计出最适合咱们中国人穿的鞋形，上脚穿着非常舒服，很多买过的客户都说好，您看看评价就知道了。其他店铺的同类产品，哪一款有这么多功能，哪一家花费了我们这么多的精力来制作鞋形？但我们鞋子的价格仅仅只贵 5% 而已，算下来要比买其他店的保健鞋划算多了。

客户： 感觉是挺划得来的，那我买一双试试。

可见，在实例 2 中，当客户质疑商品的价格高时，客服并不为此遮掩，而是直接承认价格确实是高，而且是高 5%（用数据说话，为说明"贵有贵的道理"做了铺垫）。然后专业化地指出该商品具有更多、更实用的功能，并且获得了良好的使用口碑，从而使客户自然而然地认为——贵 5% 反而是这款商品性价比高的体现。

4. 对商品的质疑心理

很多客户对商品的功能或安全性有一定的疑惑，这是很正常的。怎样解决这种疑虑，促进客户购买呢？除了向客户展示证据，如行业资格证、产品送检合格证、买家好评等，并辅以话术进行说服以外，赠送试用品也是一种行之有效的方法。特别是化妆品、保健品和小食品等类目，店铺可以非常方便地提供小包装商品给客户试用，这样既能让客户亲身体验商品的品质，又能促进商品的推广，店铺的营销成本又不会增加太多，是一种非常好的营销手段。

除了店铺可以赠送试用品，部分平台也会提供免费试用品。例如，阿里平台开设了一个免费试用页面，所有客户都可以通过此页面申请免费试用商品。该页面人气火爆，每天都有为数众多的客户等候在计算机前申请试用商品。阿里试用页面如图 2-1 所示，目前其是全国最大的免费试用中心，是最专业的试客分享平台，不仅汇集了上百万个试用机会，而且还有亿万消费者发布的全面、真实、客观的商品试用体验报告，供其他消费者参考。

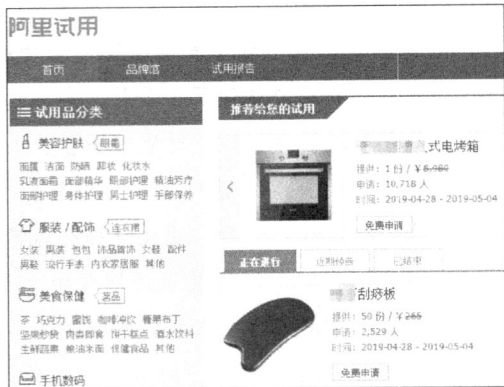

图 2-1 阿里试用页面

除了这种官方组织的试用品专场，商家也可以在自己的店铺内进行试用品赠送活动，由客服向客户介绍推广。

【实例 3】

客户：你们这款护手霜效果怎么样？

客服：我们这款护手霜是用高级甘油为基底，加入进口洋甘菊精华制成的，纯天然纯绿色，不含防腐剂和其他添加剂，……，对手部皮肤的滋养和保护都有很好的效果。

客户：真的有这么好吗？

客服：亲，好不好您可以试试的。正好今天我们店正推出付邮费试用活动，您只要出 6 元邮费，就能免费获得这款护手霜的小样一管。您试用过以后，觉得不错的话再来购买，完全没有任何风险。或者您在本店消费 60 元以上，也可以免费获得任意一件商品的小样，您觉得哪种方式比较适合您呢？

客户： 我想付邮费试用。

客服： 那好的，我马上给您发来付邮费试用的链接，您直接拍下，并在留言中注明"洋甘菊护手霜"即可。

在与 C 端客户交流时，注意观察客户的以上几种心理，并采用相应的话术就能促进客户购买。

2.1.3　B 端客户的购物需求与心理活动

电商中的 B 端客户，是英文 Business 的缩写，指的是企业端用户。与 C 端客户不同，B 端客户代表的是一群人的需求。这群人有着多种组织关系，也有不同的关注点和利益诉求点。一般来说，B 端客户在购物时，因其代表的是群体的需求，其诉求点则主要体现在以下 3 个方面。

1. 认品牌心理

B 端客户购买商品一般是为了分发给企业或组织内的员工，又或是赠送给关系客户。为了满足"面子"方面的需求，B 端客户往往倾向于购买知名品牌的商品。对于店铺而言，如果已建立了良好的品牌形象，有了一定的知名度，则客服在与 B 端客户交流时需要重点强调其强大、有保障的商品体系和服务体系；如果品牌知名度较低，则应向客户着重强调其品牌故事，通过展示获奖证书、实拍视频等方式证明其商品的安全性和可靠性等，以提升品牌在客户心目中的地位。

例如，一个经营蜂蜜的店铺，把店内蜂蜜的"源头"用图文的形式呈现在客户眼前，如图 2-2 所示，给客户塑造蜂蜜原产地环境好、无污染等印象，这些印象对提升品牌地位有重要作用。

图 2-2　通过图文描述提升品牌地位

2. 量大从优心理

B 端客户的购买量往往比较大，因此客户会理所当然地想获得更大的价格优惠——这其实是合理的要求。当然，店铺一般都会提前考虑到面向 B 端客户的价格，往往早已制定出了价格阶梯折扣表，客服可据此向客户提供相应的折扣。这里要强调的是，当面对大客户时，客服应该充分利用好既定的价格折扣阶梯，在使客户得到更大优惠的同时，促成更多的销售。

【实例 4】

客户：　听说你们月饼是纯手工的？我想为公司采购，可能需要 45 盒，有没有现货？

客服：　亲，您好。由于中秋节的订单量比较大，我们的月饼又是纯手工制作的，所以这几天都在加班加点地制作月饼。如果您要 45 盒月饼，我们这边是有现货可以供应的。

客户：　那我现在拍下，今天能发货吗？

客服：　每天下午 16:00 前下的单，都能当日发货。

客户：　行吧，那我待会就下单。

客服：　好的，亲。对了，我们月饼一次性购买 50 盒以上，可以享受九折优惠，算下来和您买 45 盒的费用差不多，但却多了 5 盒月饼，您可以拿去送客户。

客户：　那太好了！以后我们公司的过节食品都在你们店买。

在实例 4 中，客服在回答客户是否有现货供应时，并没有马上说有或是没有，而是先说明保证现货供应的不容易——佳节临近，订单量激增；月饼为纯手工制作，费时费力。然后，明确回答购买 45 盒月饼是可以有现货供应的——这其实是在给客户造成月饼销售紧俏的感觉。接着，客服主动告诉客户购买 50 盒可享受更多优惠的政策，并帮客户算了笔账——花差不多的钱却可多得 5 盒月饼。如此一来，客户切切实实感受到了店铺的诚意，不仅多买了 5 盒，还对店铺留下了良好的印象。

3. 看重增值服务和售后服务的心理

B 端客户除了看重价格外，还很看重增值服务和售后服务。店铺应提供有吸引力的增值服务和优质的售后服务，让客户感觉到实惠的同时，也免除了后顾之忧。

例如，部分企业购买节日礼品时，都希望礼品上印有自己公司的Logo或统一的标志。如果商家能提供印字服务，肯定更受 B 端客户的青睐。再如，部分需安装使用的小商品，订单量大又是同城的话，也可以提供免费上门安装服务。

　　为企业采购商品的 B 端客户，往往比给自己购买商品时还要谨慎，对商品质量与售后服务更加看重，这是因为一旦商品购回企业后，如果频繁出现问题，而又得不到有力的售后保障，购买者可能会被追究责任。因此，B 端客户一般会在购买前反复询问商品质量与售后服务方面的问题，客服对此一定要耐心对待，尽量打消对方的疑虑。

【实例 5】

客户：这批测量仪是给公司买的，一定不能有任何问题哦！

客服：请您放心，我们出库之前会逐个进行检测，有问题的商品都会当场换掉，保证您收到的商品都是没有任何问题的。

客户：万一运输途中给撞坏了怎么办？

客服：放心，我们的包装都是三重保护，包装箱里有大量的气泡袋做缓冲，每件商品外面还裹着一圈泡泡垫，商品本身的内外包装也很给力，这三重包装可以抵抗绝大部分的碰撞。我们店从开业到现在，发出去的商品还从来没有在途中被撞坏过的先例。

客户：真的吗？对了，万一运输途中包装箱淋到雨，会不会把测量仪弄坏？

客服：不会的，虽然包装箱没有做防水密封，但是每件商品的内包装是经过防水密封的，只要不是直接扔进水里泡着，就不会进水。淋一点儿雨是完全不会让仪器受损的。

客户：我就是担心各种意外情况。

客服：您放一万个心，如果您收到的仪器有任何损坏，马上联系我们，我们用隔日到快递给您补发新仪器，误不了事的。

客户：这样我就放心了。

　　在实例 5 中，由于客户是为公司购买商品，不希望有任何意外发生，所以一再向客服询问关于安全运输方面的问题。而客服人员也意识到了客户的忧虑，很耐心地为客户解答了问题，并提出万一仪器损坏，用"隔日到"补发的方案，彻底解决了客户的后顾之忧，让客户可以放心购买。

　　客服要充分理解 B 端客户怕商品出现问题从而承担责任的心理，从各方面打消客户的疑虑，有时候甚至可以主动向客户讲解各种安全措施、售后保障等信息，而不必等客户提起再回答，这样更能博得客户的好感与信任。

2.2　熟悉电商平台规则与考评体系

为了更好地维护电商平台的交易秩序，有效地保障店铺和消费者双方的利益，促进平台的良性发展，各个电商平台都制定有相应的规则，以约束交易双方的行为。客服作为直接与客户联系的店铺工作人员，需熟练掌握平台规则，才能促进店铺在平台上安全健康地发展。

2.2.1　熟悉电商平台规则

各个电商平台都有相应的规则，如商家入驻规则、商品发布规则、商品交易规则、物流规则等。客服应该熟悉自己负责的平台的规则，不然既无法指导新客户进行下单或付款，有时又会因为不了解规则而触犯规则，为店铺带来不必要的麻烦。

具体而言，客服应了解的平台基本规则如图2-3所示，包括商家入驻、开店上新、交易规则、物流规则、评论规则。

这些规则没有轻重缓急之分，都很重要。作为一名客服，尤其需要熟悉交易规则，才能快速地为客户解决购物疑问，也避免自己在工作过程中出错。

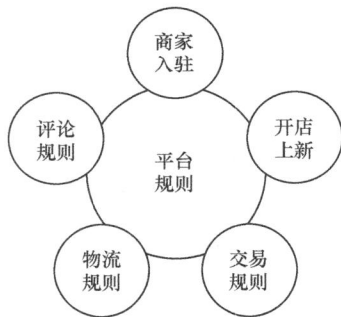

图 2-3　电商平台的基本规则

2.2.2　平台交易规则对店铺生意的影响

平台交易规则主要是针对交易过程中可能出现的一些状况做出的详细说明，要求商家和客户严格按照规则执行，避免在出现纠纷时没有判断依据。所以，商家必须熟悉并按照交易规则执行，才能让店铺健康发展。一旦违反规则，对客户或平台造成伤害，店铺会受到扣分、罚款、商品下架甚至封店等处罚。

各个平台具体的交易规则有差异，集中体现在售前、售中和售后环节上。

1．发布规则

在发布商品时，需要进行选择类目、设置关键词、描述商品等操作。商家应该严格按照平台规则操作，不能为了吸引流量而违规操作。具体而言，发布规则中应注意以下事项。

➤ 正确选择类目。电商平台规定，所有商品应设置正确的分类，便于平台管理与展示，也便于客户按类浏览。商品的详细分类有很多，如女装、男装、日用品等。部分商家会为了商品有更多的展示机会，而将商品错误地设置为一些热门类目。实际上，这种方法不可取，因为一旦被平台发现，会受到平台的处罚，得不偿失。

➤ 商品关键词设置要合理。关键词对商品名称的意义重大，并且直接影响商品搜索排名，这让很多商家不得不深入研究关键词的设置技巧。但是，有的商家因为急于求成，为商品名称添加了一些不合理的关键词，反而影响了搜索效果。这里的不合理一方面是指违反平台规则，用违规关键词；另一方面是指挑选了错误的关键词。常见的关键词使用误区包括最高陈述词、生搬硬套关键词以及频繁修改商品标题等。例如，平台中如果没有完整的标准来衡量最高等级，一般就不允许商家在关键词中加入最高陈述词，类似"最好""最适用""最舒适"等词汇。

➤ 描述与商品实物要一致。商家所发布的商品的标题、图片、价格、描述等信息缺乏，或者多种信息与实物不一致，都会被平台判断为"标题、图片、价格、描述等不一致商品"，店铺也会受到相应的处罚。

2. 交易规则

如果商家为了提升商品排名，使用虚假交易、重复店铺或更换商品等违反平台规则的方法，被平台发现后店铺会被处罚，轻则扣分、强制下架商品，重则降权甚至封店，因此商家一定要对平台的交易规则，尤其是禁止的作弊行为要有所了解，如此才能避免被处罚。交易规则中的重点注意事项包括虚假交易、换商品、价格不符等，如表2-2所示。

表2-2　交易规则中的重点注意事项

规则名称	定义	举例
虚假交易	虚假交易指的是商家通过虚构或隐瞒交易事实、规避或恶意利用信用记录规则、干扰或妨害信用记录秩序等不正当方式获取虚假的商品销量、店铺评分、信用积分或商品评论等不当利益的行为	（1）商家注册多个账号，用其中一个账号在另一个账号店铺中购物 （2）为提高销量进行不发货的虚假交易等

续表

规则名称	定义	举例
换商品	换商品指的是通过编辑商品类目、品牌、型号等关键属性，使其成为另一款商品的商品要素变更。很多商家发现，某些商品的关键词搜索排名靠前，被搜索到的概率也比其他商品大。但是鉴于自己店铺中没有该商品，于是直接用热门商品信息替换为另一种商品继续销售，其目的是为了让这个替换的商品获得更好的搜索权重，但这种行为被平台发现后店铺会受到处罚	（1）将商品 A 修改为完全不同品类的商品 B （2）将商品 A 修改为完全不同品牌的商品 B （3）将商品 A 修改为完全不同型号的商品 B，或将翻新机换成全新机
价格不符	价格不符指的是发布的商品的定价不符合市场规律或所属行业标准，滥用网络搜索方式实现其发布的商品排名靠前，影响平台正常的运营秩序	（1）利用远低于市场价的价格发布某件商品 （2）一口价与描述价格严重不符 （3）以批发价作为一口价发布，且该一口价并不能真正购买到单个商品

　　除以上规则外，还有物流规则、活动规则等，商家在加入一个新平台时要注意阅读该平台的规则，并且要严格执行。

2.2.3　平台考评体系对店铺生意的影响

　　电商平台为管理商家，往往会制定相应的考评体系，如对销量好、守规矩的商家给予一定的打标支持；对频频违反平台规则的商家做惩罚处理。例如，在京东平台，获得"京东好店"标志的店铺，会获得更多的流量，展现位也比同水平商家更好。商家想要获得"京东好店"标志，需满足图 2-4 所示的条件。

　　在淘宝平台则存在着 DSR 考评体系，其含义及包含的评分项目在表 1-3 中有详细的解释。在店铺首页的店铺名的右侧可以看到该店铺的 DSR 综合评分，如图 2-5 所示。也可以将鼠标指针悬停在店铺名上，在自动弹出的信息框中查看店铺的 DSR 综合评分与同行业相比的结果，如图 2-6 所示。

指标分类	指标名称	认证标准
核心指标	京东平台风向标排名	≥90%
基准指标	店铺上架 SKU 数	≥10个
	近30天销售额	≥3万
	近30天严重违规量	0个
	商家诚信度	达标
	开店时长	≥90天
	店铺状态	开启

图 2-4　认证"京东好店"的条件

图 2-5　店铺首页所呈现的 DSR 综合评分

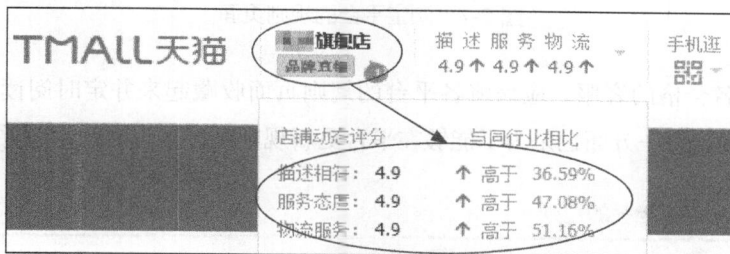

图 2-6　弹出的信息框中呈现的 DSR 综合评分

在 DSR 中，"服务"一项的分值高低是直接与客服的总体服务质量相关的。当这一项分值低于 60% ~ 70% 的同行业店铺时，就应引起客服主管的注意了。客服主管应对客服的工作进行调查，找出问题所在并进行整改，将 DSR 评分提高。因为 DSR 评分不仅关系到客服 KPI 考核，还直接影响店铺的转化率。客户进店后，如果看到店铺的 DSR 评分过低，会认为店铺存在问题，从而放弃浏览与购买，这对店铺经营来说有直接的负面影响。

平台考评体系除了对商家起着激励作用外，还起着维护商家的作用。部分商家可能认为平台规则太多，对商家的限制太大。实际上，平台规则一方面限制着商家，另一方面也限制着客户，避免客户在购物过程中恶意对商家造成伤害，如无理取闹或通过差评勒索商家等。

2.2.4 熟悉各平台规则页面

各个电商平台都有相应的规则页面，商家在入驻一个新平台之前，应该仔细阅读该平台的规则，并督促负责该平台的客服熟悉相关规则。图2-7所示为淘宝平台的规则页面，包含具体规则、解读说明、规则动态等内容。

图 2-7　淘宝平台的规则页面

作为一名合格的客服，应该将各平台的规则页面收藏起来并定时阅读，一方面是为了复习规则；另一方面也是为了能够在平台更新规则时，第一时间了解并学习。

> **① 提示　与交易相关的规则**
>
> 不同的电商平台规则不同，客服在查看规则时，可主要查看和商品交易相关的规则，避免在工作中失误，给店铺造成损失。例如，部分平台规定不能提及其他平台信息。如果客服没有注意到，在与客户交流时谈到其他平台，可能会给店铺带来不必要的损失。

2.3 了解客服内部的工作制度

每个企业或公司都设立了工作制度，使员工在工作时有章可循。例如，员工可根据考勤制度调整自己的上下班时间，根据出差报销制度控制自己出差时的食宿花销等。

客服岗位也有相应的工作制度，如客服使用的语言规范，客服的工作记录，客服与其他部门的协调等。这些制度可以规范客服的行为，提高客服的工作效率，也是客服 KPI 考核的重要依据，无论是客服还是主管人员，都应对此有所了解。

2.3.1　客服的语言规范

电商客服在与客户交流的过程当中，虽然也会使用图片、视频等多媒体手段，但最主要的媒介还是文字。当然，有时也会使用电话等方式进行语音交流。因而，规范用语不仅仅是电商客服的基本技能，更是基本的工作要求——在文字输入方面要做到规范、统一；与客户通话时，也要注意语音、语速等问题。

1．文字输入的规范要求

电商客服与客户的交流，大部分是通过输入文字来进行的。与"字如其人"的道理一样，文字输入的规范性关系到客户对店铺印象的好坏。事实上，文字输入的规范性制度建设是店铺品牌形象建设的重要组成部分。为此，对于文字输入，不少店铺都会设置相应的规范性要求，并使之成为客服内部的工作制度。尽管各个店铺会根据自身品牌宣传的需要制定相应的文字输入规范，但一般情况下，都会对文字输入的样式风格有统一的规定，一般体现在字体、字号和颜色的统一要求上。

➢ 字体统一。一般选择规定的方正字体（有的店铺会规定只能用某种或某几种方正字库中的字体）。

➢ 字号统一。常用的字号是 12 ～ 14 号，选择其中一种即可。

➢ 颜色统一。一般选择深色系，使所用的字体颜色与对话框的背景色有较大的反差，便于客户阅读。

除了对文字输入的样式风格有规范性要求之外，一些店铺还会针对不同的交流场景，给出一些规范性的话术，如表 2-3 所示。

表 2-3　不同场景的话术规范

使用场景	举例
开头语	亲，您好 / 上午好 / 下午好 / 晚上好，我是客服 ××，很高兴为您服务！请问有什么可以帮到您？

续表

使用场景	举例
告别语	请问我还有什么能帮您的吗？
	我晚上11点之前都在线的，有问题及时联系我即可，感谢您对我们的信任，祝您生活/工作愉快！
征询语	亲，对不起，我没有理解您的意思。您是说××问题，对吗？
道歉语	××先生/小姐，不好意思，给您带来的不便请您谅解！
感谢语	感谢您对我们店铺的信任和支持！
	谢谢您的宝贵意见，我已经记录下来了，并会及时向相关部门反映的。
	不客气，这是我们应该做的。

　　店铺在制定这些规范性话术时，也可以根据店铺的主要购物人群来改变风格，如主营动漫产品的店铺，可采用轻松活泼的语言风格；主营中老年服装的店铺，则应采用稳重得体的语言风格。

2. 接打电话规范

　　在给客户打电话沟通之前，应当考虑对方此时是否方便接听电话。接通电话以后，对方是否有足够的时间来讨论问题。仔细选择合适的时间来联系客户，不仅能够减少电话被挂断的概率，还能获得充分的交流时间。

　　例如，现在网购群体在工作日普遍不希望接听和工作无关的电话，尤其是周一早上或周五下午公司召开例会的这段时间。所以，在给客户打电话之前应该思考该时间段是否适合，最好选择下午下班后到临睡前这一段时间进行沟通。

　　所谓沟通，就是要清晰、准确地表达自己的意思，然后从对方那里获得反馈。那么在电话沟通时，如何把自己的意思清晰、准确地表达出来呢？这主要涉及4个方面：发音、语速、语气和语言规范。

　　➤ 发音。客服平时要多练习说话，争取做到发音清晰、标准，不拖泥带水，没有把声音压在喉咙里的现象。

　　➤ 语速。客服在电话中与客户沟通时，语速应不快不慢，一般情况下保持在每分钟120～140字，因为语速过快会让对方感到焦躁，语速过慢会让对方感到不耐烦。但这也并非绝对，有时候应该根据客户的特点调整语速，说话快的客户通常也希望客服讲话的速度比较快，这样能够较快地处理好事情；对于说话慢的客户，客服也要随之降低语速，不要让对方感到有压力。尤其是对于老年客户，更要适当降低语速，让对方有反应和思考的时间。

➢ 语气。语气是表达情感的一种方式。客服在和客户沟通时，要调整好自己的语气，以达到说服对方的目的。例如，诚恳的语气可以在说明情况的时候使用，让客户感受到客服在说真话；愧疚的语气可以在向客户道歉的时候使用，让客户能够充分感觉到客服的歉意；企盼的语气可以在与客户商量解决方案时使用，让客户能够感受到客服要解决问题的诚意。当然，各种语气的使用要有个度，过度可能会造成反效果，这就需要客服使用时多加注意。

➢ 语言规范。在接打电话过程中，注意多使用敬语，如"您""谢谢""抱歉"等。为给客户留下好印象，也为了交流顺畅，客服在通话中应使用普通话。如果对方只能说方言，而客服也正好能说对方的方言，那么可以用方言来进行交流。

在电话沟通过程中，有时会出现误解对方意思的情况，原因很多，有可能是因为同音词产生误会，如"致癌"和"治癌"；也可能是因为口音问题、电话信号不好等原因造成的。为了防止听错电话内容，客服应当复述重要的信息，尤其是钱款金额、时间日期、电话号码、人名地名等重要的内容，当客户表述后，客服应立即复述一遍，向客户确认，再做记录。

为了表示对客户的尊重，说完结束语之后，应等待客户先挂断电话，这是作为客服的基本礼仪，而且也能防止客户临时想起还有话说时，电话却被客服挂断的情况发生。当客服想要结束通话时，应当使用一些礼貌的语言向客户表示结束意愿，如"再见"或者"祝您生活愉快，再见"。

ℹ️ 提示 **手边常备纸和笔，随时记录关键信息**

客服在与客户沟通时，会涉及大量的信息，如时间、钱款金额、事由、处理方案等，忘掉其中任何一点，都有可能给客服工作带来大大的麻烦。因此，客服应当在办公桌上常备纸和笔，并养成在电话沟通时记录关键信息的习惯。客服在给客户打电话以前，应先在纸上记录下客户的 ID 和通话时间，然后再给客户拨打电话，在通话过程中将关键信息以简略的词语记录下来。

2.3.2　客服的工作记录

相对而言，客服的工作会比较烦琐，每天都要产生很多信息，因而做好工作记录也是客服内部工作制度的重要一环。所谓"好记性不如烂笔头"，按照制度要求做好工作记录，不仅可以使客服工作变得井井有条，有迹可循，而且还方便与同事交接工作。

一般情况下，做工作记录可以遵循 5W1H 原则，即 When（何时）、Who（何人）、Where（何地）、What（何事）、Why（原因）、How（怎样处理），如图 2-8 所示。5W1H 原则的 6 个要素缺一不可，只有描述清楚"何事"，其他同事才便于接手处理。

图 2-8　5W1H 原则

> **ℹ 提示**　对于"Where（何地）"的理解
>
> 这里的"Where（何地）"不是指客户的位置，也不是指客服的位置，而是指电商平台。这是因为部分客服平时负责 2 ～ 3 个电商平台，因此在记录时要区分清楚某一事项是发生于哪个平台。所以"Where（何地）"一栏可以填写平台名称。

没有使用 5W1H 原则的工作记录可能如下所示。

9:35 分，天猫店客户刘志宇要求将两个包裹合并，并于 2 月 11 日发出。订单编号分别为 51255215xxxx 和 51255341yyyy，下午 4 点前通知库房。

使用 5W1H 原则后，该工作记录则如下所示。

When：2.11，9:35

Who：刘志宇

Where：天猫店

What：将订单编号为 51255215xxxx 和 51255341yyyy 的两个包裹合并，并于 2 月 11 日发出

Why：客户要求

How：下午 4 点前通知库房

对比两个记录可以看出，采用了 5W1H 原则的工作记录看似较长，实则更加清晰、

有条理，更便于执行、查阅和交接工作。店铺可以制作规范的 5W1H 工作记录表格，发放给客服使用，这样更有利于客服工作的开展。

2.3.3　客服休假值班制度

由于客服工作的特殊性，客服主管必须根据实情制定休假值班制度。一般店铺的客服在线时间为早上 8:00—23:00，正常情况下都分为白班和晚班两个班次。考虑到晚班下班时间晚，所以其工作时间要比白班的短。部分店铺的白班时间为 8:00—17:00，晚班时间为 16:30—23:00。

客服主管应在每周或每半个月制定一次排班表，详细安排每个客服的班次及休息时间。正常情况下，客服都想在周末休息，留些时间给家人或朋友。客服主管也应充分为客服考虑，如果经营的类目周末下单率没有平时高，可同意客服在周末休息的申请。

客服主管无论休息与否，都应将自己的联系方式公布在办公区醒目的位置，如客服群的"群公告"位置，或办公桌上计算机显示屏的下方，让客服在遇到紧急情况时，能第一时间联系上自己。

2.3.4　客服与其他部门人员的工作协调

客服的工作往往要与其他部门或岗位，如美工、运营、财务和库房等的人员进行协调联动。一般情况下，客服与这些部门或岗位人员进行协调的工作内容如表 2-4 所示。

表 2-4　客服与其他部门或岗位人员的工作协调

岗位	主要工作	客服与之协调的工作
美工	（1）负责店铺商品上传、文字描述以及图片、视频的拍摄和制作 （2）装修店铺，美化公告栏和促销栏 （3）根据运营需求完成网页平面设计，完成网页的 HTML 编辑	整合客户反馈信息，如商品尺寸不符、描述不符、包装不符等问题，联系美工，转告做相应的调整，以便美工优化商品视频、主图、详情页等
运营	（1）负责店铺整体规划、营销、推广、客户关系管理等系统经营性工作 （2）负责店铺日常维护，保证店铺正常运作，优化店铺及商品排名 （3）负责策划店铺促销活动方案	（1）客服要了解、熟悉促销活动内容，并将优惠、促销、优惠券等信息转告给客户

续表

岗位	主要工作	客服与之协调的工作
运营	（4）制订营销计划，带领店铺完成高营业额的营销任务 （5）收集店铺各方面数据，分析数据 （6）维护客户关系，与客服处理相关客户投诉及纠纷问题	（2）客服负责收集活动反馈，如客户指出的不合理之处，以及活动建议 （3）客户要与运营共同做好客户关系管理工作
财务	（1）负责店铺销售与资金到账的管理 （2）负责店铺快递费、采购费、员工工资等支出管理 （3）负责开发票、改发票等发票事宜	（1）客户要求开发票、改发票或作废发票时，客服应及时联系财务处理 （2）客户退换货时需要补、退差价的，客服在处理后应移交财务入账
库房	（1）负责店铺备货和物资的验收、入库、码放、保管、盘点、对账等工作 （2）按发货单包装商品 （3）在店铺后台完善商品物流信息，如快递公司、快递单号等 （4）处理商品退换货问题 （5）整理仓库商品数据，及时反馈商品堆货、缺货等信息	（1）按客户要求备注，将备注信息转交给库房 （2）与库房保持联系，随时查阅商品发货、未发货及快递等信息 （3）跟进库房是否收到退换货商品，如果收到，再跟进发货、补差价等工作 （4）反馈商品质量问题，为库房下次进货提供参考意见

对于微小型店铺，一般会建立内部工作群，以便于各部门之间的协调联系。例如，某个订单出现漏发，客户申请退款处理，客服可直接在群里询问库房。又如，客户申请退款，可直接在群里联系财务做退款处理。微小型店铺通过工作群能够有效提高全体人员的工作效率，中大型店铺则应使用专业的OA①或ERP②系统进行多部门之间的信息沟通与协调。

---

① OA 是"Office Automation"（办公自动化）的缩写。OA 系统即为办公自动化系统，为一种采用计算机与网络来管理公司日常运作的应用系统，如新闻公告、内部沟通、考勤、办公、员工请假、各种审批事项等均可通过 OA 系统进行处理。

② ERP 是"Enterprise Resource Planning"（企业资源管理计划）的缩写。ERP 系统是一种企业常用系统，能对客户、项目、库存、采购、供应、生产等管理方面的工作进行统一规划与管理，通过优化资源与流程，达到效益最大化。ERP 系统与 OA 系统虽然都是企业常用的系统，但二者有较大的区别，前者主要偏向于生产管理，而后者主要偏向于行政管理。

2.4　实践与练习

1．分别登录淘宝规则、京东规则、云集规则页面查看交易规则，并阐述有何异同。

2．将下述工作记录整理为 5W1H 工作记录。

　　京东客户刘正金要求延迟到 2.20 发货，查询单号后通知库房进行特殊处理，必须在下午 4 点发送快递前处理好。2.13，12:15。

3．指出下面交流中客服用语不规范之处。

客户： 老板在吗？

客服： 亲，在的。

客户： 你们这个吹风机怎么才用两个月就坏了？

客服： 咋会这样呢？你先检查一下是不是插座的问题。

客户： 家里插座都试过了，已经确定是机子的问题了。

客服： 这样啊，那没办法了，我待会把换货地址发给你，你把吹风机和保修单一起寄过来嘛，邮费你先垫着，我们这边确认是吹风机问题之后，会给你报销邮费，并更换一个新的吹风机给你的。

客户： 好的。

客服： 那先就这样吧。我们退货地址是 ×××××× 。

客户： 好。

第3章

售前售中客服

客服在售前阶段的主要工作是解答客户疑问，向客户推销商品，促使客户下单。在客户下单后，做好售中工作，根据情况确认、修改或取消客户订单。可见，做好售前售中客服工作，可以为客户创造更好的购物体验，从而提高店铺的交易量，增加店铺的利润。

3.1 售前服务的准备工作

客服在售前服务工作中，不仅要服务于客户，解答客户的疑问，为客户出谋划策，还要做好营销工作，提高商品销量，传递品牌信息，提升客户认同感，使新客户变成回头客，老客户变成高频购买客户。

要想做好这些售前服务工作，首先应树立正确的售前服务理念，熟悉商品信息、促销信息及售前工作的流程。只有在工作理念和业务知识上都做好准备，才能在售前工作中做出好成绩。

3.1.1 树立售前工作理念

一名合格的客服，首先应理解售前工作的理念，以此理念指导自己的工作。这就像"术"与"道"的关系，"术"是具体的方法，"道"是高屋建瓴的理念，用"道"来指导"术"的方向，才能更好地做事。

1. 树立服务至上的理念

无论是线上还是线下，优质服务都能为店铺带来好评和回头客。客服在售前工作中，应该树立服务至上的理念，多为客户着想，在客户消费前就提供优质的服务，才能打动客户，让客户愿意下单购物。

例如，家用电器类目中的空调，因空调本身体积较大且安装困难，所以客户不只是关心商品的质量，还会关心是否有送货上门并进行安装的服务。尤其是在网上购买时，客户通常会对送货、安装与售后服务进行反复确认，直到得到满意的答复后才会付款。所以在电商平台中经营大家电类目的店铺，不仅会在详情页中标注"全国联保，送货入户"等信息，客服还会在售前交流中向客户强调这两点，这就是"服务至上"理念在客服工作中的具体体现。

【实例 1】

客户：你们这款空调好评挺多，我觉得还可以，我想了解一些具体情况。

客服：亲，您眼光真好，一来就选到我们家的爆款商品。这款空调无论外观、功能，还是服务方面都有亮点。就拿服务来说，我们在全国各大城市均有售后网点，无论是配送、安装还是维修，都有师傅上门为您服务，而且维修方面还可以做到上午申报、下午上门，下午申报、第二天上门，非常方便的。

客户：那上门维修还另收钱吗？

客服：这款空调我们既然敢保修 5 年，就说明出现功能性问题的可能性很小，只要正确使用，一般不会出现什么问题。当然，如果真的出现了功能性的问题，属于我们的责任，维修时是不会收取您任何费用的；不过如果故障是由于人为操作不当引起的，那么师傅上门维修时需收取一定的成本费用。

客户：嗯，这很合理。那好吧，我拍下，你们早点发货。

客服：谢谢理解。您下单，我们这边尽量安排今日发货。

再如，销售节日礼品时，客服可以多为客户考虑，推出贴心服务。例如，某客户在七夕节的前几天进店购花，希望按照指定时间送到女朋友手中，此时客服就应该在不违反店铺规定的前提下，尽量予以方便。

【实例 2】

客户：在吗？这款鲜花是同城配送吧？

客服：您好，我们花店的地址在 ×× 街，支持同城配送、支持快递，也支持上门自提哟。您可以根据您的地址来选择配送方式。

客户：哦，我也在 ×× 街附近。想买花送女朋友，但又怕七夕节那天忘记下单。

客服： 哇，您真浪漫，您的女朋友肯定很幸福，在此提前祝您们七夕节快乐。您不用担心七夕节忘记下单，我们店特推出了指定日期配送服务。您可以在七夕节的前几天下单，备注好配送日期，我们定时为您配送。

客户： 你们这个服务好，我今天就下单，你们按照我的配送日期进行配送吧。

即使店铺没有提供指定时间送货的服务，客服也可以记下客户账号，在客户指定的时间打电话提醒客户下单。这样的服务可以让客户感受到客服的贴心，自然愿意下单、回购。

2. 传递品牌文化

客服在销售过程中，应适当宣传自己店铺的品牌文化、品牌宗旨，这样能让客户对店铺印象更为深刻。品牌商品的调性、特色以及与其他品牌的差异等信息，也可通过客服来传递。

客服可在恰当的时机主动传递品牌信息。例如，客户在询问某款保温杯的保温性能后，客服可以与客户聊聊品牌文化、创业故事等，让客户在了解商品的同时，也了解店铺的深层内涵，增加客户对店铺的认同感。

【实例3】

客户： （拍下保温杯以后）对了，你们的保温杯品牌怎么叫作××呢？感觉好像女孩子的名字。

客服： （发送一个大拇指表情）您的直觉真准，其实我们品牌名就是我们老板女儿的名字。当时老板正在创业，女儿出生的时候他正在外地厂家那里联系货源，无法赶回来看望妻子和女儿，觉得非常内疚，于是就用女儿的名字作为保温杯的品牌名。老板另外还有一个店铺，是专门做女士外套的，品牌名是他妻子名字的谐音。可以说我们老板是挺有温情的一个男人。

客户： 原来是这样，挺有意思的！

客服： 是的，好多客户都这么说呢！对了，您要去我们老板的那个女装店逛逛吗？

客户： 好，我去看看他的女装店品牌叫什么名字。

客服： 好的，我把地址发给您。

由于客户听了品牌故事以后，产生了认同感，因此，客服抓住时机向客户成功推荐了商家的另一个店铺。这就是充分利用店铺的品牌故事打动客户，推广品牌或品牌文化的实例。

3.1.2　熟悉商品信息及促销活动

客服应熟悉自己的商品，了解商品的优缺点，巧妙地利用商品的优点去推荐商品，而对于商品的缺点进行温馨提醒即可，这样才能销售更多的商品。

此外，客服还应熟悉店内、店外的各种促销活动，如店内的满减、满赠活动，平台的聚划算、免费试用等活动，在适当的时候告诉客户，这样可以增加商品的销量或提高客单价。

1. 熟悉商品信息

商品相关的专业知识是一个客服应该具备的最基本的知识，否则解答不了客户的疑问，客户是不会下单购买的。

客服需要了解的商品专业知识不仅包括商品本身的信息，还包括商品周边的一些信息。

➤ 商品本身的信息。客服应当对商品的种类、材质、尺寸、用途、使用注意事项等都有所了解，最好还应当了解行业的有关知识、商品的使用方法及修理方法等。例如，客户询问某款呢子衣服会不会起球，客服不能想当然地回答"会"或"不会"。正确的做法是按照店铺下发的资料来说明"会"或"不会"。如果会起球，还需向客户讲明是什么成分、什么原因导致起球，起球后应该如何处理等。

➤ 商品周边的信息。商品的周边信息也很重要，如某些商品可能不适合部分人群，或者某些商品是以发明人的名子或与商品有关的故事情节、历史背景等来命名的，客服都应该向客户适时解释清楚，这样更能获得客户的认同。例如，某款玩具因为体积较小，可能会被幼儿吞咽而造成危险，故不适合 5 岁以下的幼儿玩耍；某款商品的发明过程中有怎样的趣事，等等。这些围绕商品的周边信息也会增加客户对商品、品牌或店铺服务的认同感。

为了帮助客服巩固对商品知识的记忆，客服主管可以对客服进行月考，重点考查商品本身的信息，如颜色、尺寸、编码、卖点等内容，并对成绩优秀者进行适当的奖励，以激励客服自主自发地熟悉商品的信息。

2. 熟悉促销活动

为了提高客单价和店铺整体的销量，客服应熟悉店内的促销活动，在必要时向客户传递最近的商品促销信息，促使客户下单。例如，每年的"6·18""双11""双12"等节日，店铺一般都会参加平台的促销活动，在店铺的周年庆也会开展一些优惠活动。虽然在店铺首页或详情页里会有具体的促销信息，但部分客户可能仍然会忽略。所以在客户询单时，客服可视情况将促销信息告知客户，提高客户下单的可能性。

例如，蜂王浆虽然营养价值极高，但其口感较为特殊，如果直接服用，不少人都感觉不太适应；如果混合蜂蜜服用，则可改善口感。如果客户询问蜂王浆的信息，客服就可以改善口感为由将店内促销的一款蜂蜜推荐给客户。

【实例4】

客户：你好，你们的这款蜂王浆好不好？

客服：您好，欢迎光临小店，我是客服×××。我们的这款蜂王浆是野生且新鲜提取的，颜色和光泽都非常好。您如果懂行，是很容易鉴别出我们的蜂王浆与一些工业高产蜂王浆的区别的。

客户：嗯，图片和视频看着还可以。

客服：对的，而且我们店内还有一款野生蜂蜜，是新品，最近在搞活动，购买店内的任意商品就可以5折拿新品蜂蜜哟！您如果常吃蜂王浆，应该知道蜂王浆虽然营养价值极高，但口感比较特殊，有的客户表示吃不习惯。如果将这款新品蜂蜜与蜂王浆混合服用，口感会改善很多呢！

客户：是的，我之前也买了蜂蜜混着蜂王浆吃，是要比单吃蜂王浆好多了。那你把新品蜂蜜的资料发给我看看吧！

客服：好的，我马上把链接发给您。

3.1.3 熟悉售前工作过程

售前客服的工作过程大致包括6个环节：礼貌问好、答疑推荐、关联推荐、推动下单、催促付款、礼貌告别。其中，关联推荐、推动下单和催促付款是最为重要的环节，也是最有难度的环节，客服需要重点掌握。

1. 礼貌问好

第一印象在人与人之间的交往中有很大的影响，有时候第一印象会终生存在于两个人的交往之中。在店铺交易中也是这样，当新客户第一次进店咨询客服时，如果客服给他（她）留下了礼貌热情、尽心尽责等正面印象，那么他（她）有很大可能就会变成回头客。对于老客户而言，如果每次进店咨询都能受到热情的接待，自然也会增加对店铺的黏度。

在客户咨询时，向对方礼貌问好是客服给客户留下第一印象的最好时机。礼貌问好要注意以下几点。

（1）礼貌热情。

礼貌热情的招呼会让客户感到心情舒畅，从而增加客户下单的可能性，这是因为客户在受到热情招待以后，就会减少抵触心理和逆反心理，比较容易接受客服的推荐。客服切忌死气沉沉、问三答一，有的客服甚至习惯使用一两个字来回答客户，这样会给客户留下非常不好的印象。

有一些资深客服曾经总结出这样一个经验：在客户进行购前咨询时，客服回答客户的文字数量最好等于或者超过客户问题文字的数量，这样会让客户潜意识中觉得自己受到了重视。

【实例 5】

客户：你们店里的招财猫挺有意思的，请问一下是充电的还是插电的，或是太阳能的？

客服：亲，我们店里的招财猫都是充电型的，电池为 2000 毫安，充一次可以管用两三周呢，非常方便哦！

客户面对这样的回答，一般来说都是比较满意的。如果客服只是简短地回答"亲，是充电的"，给客户的印象就大不一样了，客户会觉得受到了冷遇，很可能就会流失。

而在客户重点阐述问题时，客服最好不要再回应较多的文字，而应以简短的文字鼓励客户继续说下去。

【实例 6】

客户：是这样，我有个朋友在你们店里买了 ABL14 那款夜灯，我看着挺好，也想买一个。但是我朋友劝我不要买，说不好用，我想跟你们确认一下。

客服：亲，麻烦您说一下您朋友遇到的现象，我看看具体是什么问题。

客户：你们那款夜灯不是智能的吗？可以用手机 App 来控制开关、调光和色彩？我朋友说 App 控制老是中断，每次设置以后，玩一会儿手机，控制就失效了，必须重新运行 App 才能进行控制。

客服：嗯嗯，还有吗？

客户：还有，有时候夜灯到了晚上就自动打开，到了白天就自动熄灭，也不听手机的指挥，我朋友说不好使。

客服：嗯嗯，还有其他问题吗？

客户：大致就是这两个问题。我本来想买的，就是想弄清楚这是不是质量问题。如果是质量问题我就要考虑一下了。

客服：亲，这两个问题都不是质量问题哦！控制老是中断，是因为您朋友手机的"电池"设置里把控制夜灯的 App 设为了后台自动关闭，只要取消这个设置就没有问题了。至于夜灯自动开关不能控制的问题，是因为在 App 里设置了"光敏"模式，这个模式是让夜灯自动根据周围的光照强度来调整自身发光的强度，一旦进入这个模式就不可以用 App 来调光了。只要在 App 里关闭这个"光敏"模式，就可以控制了。我们的夜灯出厂都是经过严格检测的，一般来说不会有质量问题，至于使用上您有什么不清楚的地方随时可以来找我们，我们都会替您解答的。

客户：原来是这样！我也觉得不像是质量问题。这下我放心了，我马上去拍两个。

在本例中，客服用简短的话语与客户互动，既推动了客户讲述问题，又让客户没有觉得自己的话被打断，从而让客户感到非常满意。反过来看，如果客户提一个问题，客服马上进行详细解释，虽然也不是非常不妥，但对于某些敏感的客户，就会觉得客服屡屡打断自己的讲述，会认为自己没有受到应有的尊重，从而产生不满的情绪。

（2）服务用语统一。

如果店铺中客服较多，应事先统一服务用语。实践证明，多使用"您""咱们"等词汇可以有效地拉近双方的距离。另外，统一的服务用语也有利于给客户留下店铺管理规范、客服训练有素的良好印象。

（3）风格独特。

在店铺竞争日益激烈的今天，如何给客户留下独特的印象也成了一个重要的研究课题。在店铺的整体装修、详情页的精心布局之外，客服独特的说话风格也可以给客户留下深刻的印象。

一般的客服都是用一种彬彬有礼的语气与客户交谈，这种风格本身没有什么问题，但因为大家都在使用，所以难以给人留下深刻的印象。下面总结了几种独特的谈话风格，供大家参考。

➤　卖萌型。卖萌是一种比较受年轻网友喜欢的交谈风格，一般都能够迅速博取客户的好感。例如，"亲，在的呢～～""'好哒！'""嗯嗯！""小小明白了！"等词句就能起到卖萌的作用。注意：卖萌要有度，过度卖萌会引起客户的反感。此外，在交谈中使用一些表情符号，也能起到卖萌的作用。

➤　江湖型。武侠文化在中国人的意识中可谓根深蒂固，因此，具有武侠风味的交谈风格也很容易被客户接受。例如，称呼客户为"客官""大侠"，客服自称"小二""小女子""本姑娘"等，称呼自己的店铺为"小店""鄙店"等，让客户觉得有趣，自然也就给客户留下了深刻的印象。

➤　幽默型。幽默的人总能给他人留下深刻的印象。不过要保持幽默的交谈风格，对客服的个人素质要求较高，较难通过培训达到目的。可以说幽默的客服是可遇而不可求的。

这里只讲解了一些比较常见的有趣的交谈风格，店主应该鼓励客服自行创造各种有意思的交谈风格，以便给客户留下深刻的印象，不过一定要把握好度。

2. 答疑推荐

客户到店中进行询问，一般是因为以下两种原因：一种是客户已经看中了一件商品，需要找客服了解更多的情况，或者有一些疑问需要客服进行解答；另一种是看中了店内的某类商品，需要客服帮助从中选择。

（1）为客户答疑。

一般来说，客户在通过商品详情页了解了商品后，仍然会存在一些疑问，需客服详细解答。在一些电商平台中，当客户浏览过某商品后再联系客服，系统就会发送一个该商品的链接和商品缩略图。图 3-1 所示为淘宝平台的商品链接和商品缩略图。客服可根据该链接与缩略图了解客户关心的是哪件商品，在回答问题时就可以做到心中有数。

图 3-1　淘宝平台的商品链接和商品缩略图

客服在回答客户关于商品的问题时，要抓住关键词进行详尽而不啰唆的回答。具体应注意以下两点。

➤ 多条排序。当答案包含好几个点时，可以用数字序号将它们分开排序，这样会显得有条有理，便于客户阅读和理解，如图 3-2 所示。如果不分开排序，看上去就是一堆文字，不利于客户阅读，如图 3-3 所示。

➤ 长文分段。当答案太长时，可以适当分段，观感会好很多，如图 3-4 所示。而不分段则是一大堆文字，客户看到可能会感到厌烦，如图 3-5 所示。

（2）为客户推荐商品。

有些客户进店询问时，并没有看上特定的商品，而是看上了店里某类商品，需要了解这类商品的细节，或者需要客服帮助选择。例如，某客户想要购买防晒霜，进店咨询客服。

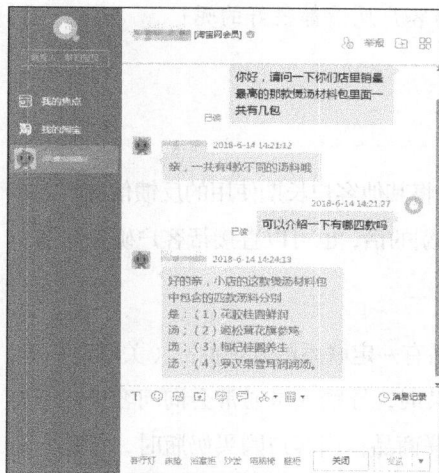

图 3-2　排序后的文字

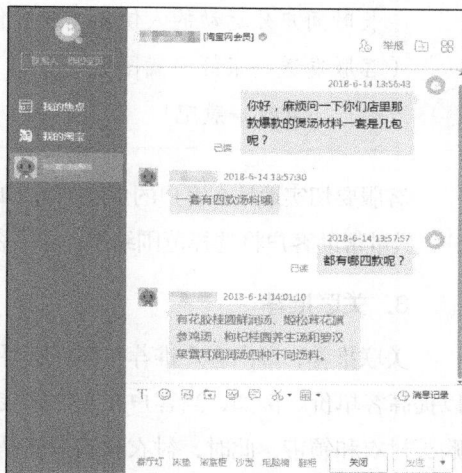

图 3-3　不排序的文字

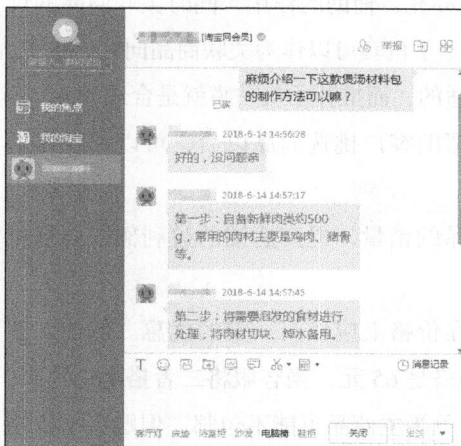

图 3-4　分段后的文字

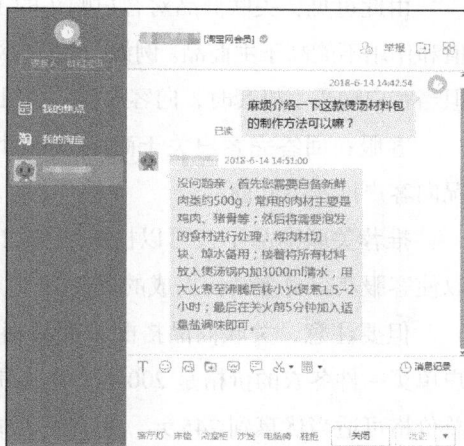

图 3-5　不分段的文字

【实例 7】

客户： 老板，请问一下去高原旅游买哪款防晒霜合适啊？

客服： 亲，高原紫外线强烈，建议您选购防晒系数较高的防晒霜。推荐您看看 ×××
这一款，防晒系数为 100，而且防水防汗，双重抗紫外线，适合去高原、海边和

　　　　长时间户外运动的人使用。在我们店买过的客户反馈都很好的呢！

　　（客服发送一张好评截图）

客户： 那行，就这一款吧！

　　客服要切实地站在客户的角度进行考虑，还可以将其他客户长期使用的反馈信息告诉客户，尽量帮助客户将选择范围缩小。如果客户不太挑剔的话，也可以直接帮客户确定商品。

3. 关联推荐

　　关联推荐，即向客户推荐与客户所要购买的商品有一定联系的其他商品（关联商品），以提高客单价。例如，当客户在实体服装店购买西装时，导购人员通常会询问客户要不要购买衬衣和领带，此时，衬衣和领带就是西装的关联商品；当客户购买奶瓶时，导购人员也都会给客户推荐奶瓶刷、备用奶嘴等商品，此时，奶瓶刷、备用奶嘴就是奶瓶的关联商品。

　　由此可见，关联商品对客户购买的主商品有补充、辅助的作用，同时关联商品的价值和作用不能高于主商品。例如，客户购买手机时，手机套可以作为关联商品向客户推荐，但当客户购买手机套时，向客户推荐手机是不合适的，而推荐手机贴膜就是合适的。

　　客服在回答完客户关于商品的疑问，或者帮助客户挑选商品以后，可以视具体情况向客户推荐关联商品。

　　推荐关联商品不仅可以极大地增加店铺商品的销量，提高店铺的盈利额，而且可以使客服获得更多销售提成的机会。

　　但要注意，关联商品搭配主商品销售时，在价格上应该有一定的优惠。例如，客户单买一件冬衣的价格是 200 元，单买围巾的价格是 65 元，当客服将二者搭配销售时，总价格可适当优惠到 245 元。还有一种情况是，单买主商品可能不包邮，但购买了价格并不高的关联商品后，两件商品都可以包邮，这就是常见的"关联商品优惠法"。

　　一个典型的关联商品销售的例子如下：一位客户进店询问了关于某名牌钢笔的一些问题后决定购买，客服不失时机地推荐关联商品。

【实例 8】

客服： 请您使用的时候务必要注意，不要摔了钢笔，否则有可能损坏笔尖。有好多客户就是不小心把笔掉在地上，结果把笔尖给摔裂了。

客户： 我会尽量注意的。

客服： 人有失手马有失蹄，如果真的摔坏笔尖，也不必太担心。可以用原厂出品的备用笔尖替换。备用笔尖的质量和钢笔上原装笔尖的质量是一样的，而且换起来也非常轻松，跟着我们的教学视频两分钟就可以学会。我建议您适当购买几支备用笔尖，有备无患嘛。

客户： 还有备用笔尖啊，不知道贵不贵哦？

客服： 不贵的，单买备用笔尖是 36 元一支，如果和钢笔一起买价格更加优惠，28 元一支。

客户： 还不错，那我再买两支备用笔尖吧。

客服： 好的，我马上把链接发给您。

---

4. 推动下单

当客户确定要购买商品但又迟迟没有下单时，客服可以用适当的话术推动客户下单。推动的话术很多，例如告知客户促销活动时间即将结束：

➢ 这个活动仅此一天，过了凌晨 12 点就恢复原价啦！

➢ 今天是优惠的最后一天，明天就没有优惠了。

如果当时并没有促销活动，也可以告知对方商品热销，数量不多，请及时购买。例如：

➢ 这件衣服卖得特别好，现在还剩最后 3 件了，您再不下手可就没有了，因为这款衣服是绝版，卖完就补不到货了。

➢ 这个手办是限量发售的，只有 200 件，非常珍贵，先到先得，犹豫就没有了。

推动客户下单的话术还有很多，总的原则是要给客户制造一定的紧迫感。使用话术的时机要掌握好，在客户对商品表现出一定兴趣但又犹豫不决的时候，使用话术是最有效的。

5. 催促付款

客户拍下商品后却迟迟没有付款，这是很常见的情况。此时客服就要催促客户进行付款。催付工作能够有效提高询单转化率，对促进店铺的销量有很重要的作用，应当引起客服的重视。

那么，当客服催付时，应该采用什么方式，选择什么时间，使用什么语言，才能达到最好的效果呢？下面就一起来看看资深客服总结出来的一些经验。

（1）催付方式。

常用的催付方式有电话、短信和阿里旺旺 3 种。如果客户已经和店铺建立微信或 QQ 上的联系，那么还可以通过微信或 QQ 进行催付。从统计效果来看，电话催付的效果是最明显的，其次是阿里旺旺和短信。如果能够通过微信或 QQ 催付，效果也是很好的。

不同的催付方式其特点不同，客服应根据具体情况来选择催付方式，才能达到较好的效果。催付方式大致分为 3 类，即电话催付、短信催付与线上催付（阿里旺旺、微信和 QQ 等），下面来看看这 3 类催付方式各有什么特点。

➢ 电话催付。电话催付适合初试网购的新客户，因为这类客户还不太信任网络交易，如果客服通过电话这种传统方式与其沟通，则能够较好地打消客户的疑虑，获得客户的信任。客服在进行电话催付时，要事先了解客户的身份信息与所拍商品信息，便于在催付时使用。

➢ 短信催付。短信催付的效果可能没有电话催付那么好，这是因为很多人的手机都有垃圾短信过滤功能，催付短信有可能会被当作垃圾短信过滤掉。短信催付的优势在于速度快、成本低，对客户的干扰小。在催付的客户比较多时，使用短信催付效率要高一些。在使用短信催付时，一定要在短信的开头说出客户的名字，这样客户才会耐心阅读，而不会直接将短信当作垃圾信息删掉。

➢ 线上催付。线上催付主要通过阿里旺旺、微信和 QQ 进行。线上催付的成本更低，但即时性可能没有短信效果那么好，因为毕竟不是所有人都随时会去看旺旺、微信或 QQ 上的信息。而短信则基本都是随到随看，从这点上来讲，短信催付的即时性要高于线上催付。线上催付对于发送时间的要求没有那么高，因为客户会在自己方便的时候才去查看线上的信息，因此，线上信息一般不会打扰到客户。线上催付的内容可以稍微活跃一点儿，适当加入一些网络用语以及表情都是可以的。

无论使用哪种方式催付，一定要掌握好频率。过于频繁会让客户反感，客户不仅不会付款，还会在心里将店铺拉入黑名单，可能以后再也不会到店消费了。

（2）催付时间。

一些没有经验的客服，在看到客户下单后却长时间没有付款，本能地就想要催促付款。其实见单就催不是一个很好的习惯，催付也是要把握好时间的。一线客服总结的根据订单时间进行催付的合适时间段如下。

> 上午的订单最佳催付时间为 11:00—12:00。

> 下午的订单最佳催付时间为 16:00—17:00。

> 当晚的订单最佳催付时间为次日 11:00—12:00。

这是因为客户上午工作到 11:00—12:00、下午工作到 16:00—17:00 时，一般都会感到疲惫，此时有很大的可能会做一些与工作无关的事来缓解疲惫，如看看网页、逛逛淘宝等。这个时候催付不容易引起客户的反感，客户也有时间来进行付款。

（3）催付内容。

催付时要注意语气，不要让客户感到不快，而要让客户感受到客服的热情与克制。热情是指要让客户感到客服对客户本人的热情，而不是对订单的热情；克制则是不要表现出迫切想要客户付款的心情，而要让客户觉得轻松自然，没有心理压力。

总而言之，催付工作的原则就是在不让客户反感的情况下，敦促客户付款。

6. 礼貌告别

当客户下单并付款后，如果不再询问客服相关问题，则表示这次交流可以结束了。此时客服要主动与客户告别，这样不仅可以给客户留下好印象，还能够使客服尽快结束当前的谈话进程，为更多的客户服务。

告别内容通常是一些感谢的话语。例如，"感谢您购买本店的商品，欢迎您下次再来！" "感谢您对小店的支持，客服 ××× 祝您生活愉快，工作顺利！" 以这类话语向客户明确表达本次交易已经结束的信息。在表 2-3 中已经给出一些告别语的例子，供大家参考。

在告别客户之后，还可添加客户为好友，并做好备注。当客户再次光临时，可以通过查看备注知道对方的一些特点，如 "善于讲价" "化妆品知识丰富" 等，这样能有效避免一些交易上的麻烦，并有针对性地进行交谈。

3.2 开场话术与礼仪

良好的开端是成功的一半。当客服接待客户时，要热情地说好开场白，为本次服务建立一个良好的开端。客服通过短短几句开场白，在客户心中建立良好的形象，对随后展开的答疑、促销等工作也是极有帮助的。因此，良好的开场话术与礼仪，是一个客服应掌握的基本技能。

3.2.1　客服应掌握的开场白技巧

客户主动与客服联系是很不容易的，因此，客服要用有特色的开场白吸引客户的注意，留住客户。

有特色的开场白可以是热情的，也可以是幽默的，还可以是体贴的。总而言之，有特色的开场白可以对客户造成正面的感觉"冲击"，短短的几句话就可以让客户对店铺产生深刻的印象，并且愿意继续和客服交流并购买商品。

1．用话题融洽交流气氛

客服要善于在交流时营造融洽的气氛，以方便在后续的交谈中顺利进行推销。要想在几句话内融洽气氛，最好的方法是根据客户的信息寻找话题。当客户发来信息时，可以看看客户的资料，从中获得一些关于话题的灵感。

例如，客户的头像是某位名人，那么客户很可能就是这位名人的粉丝，可以适当地和客户谈论这位名人的话题，这样很快就能找到共同点，让气氛融洽起来。如图 3-6 所示，客户资料页面显示客户是来自成都的年轻人，那么客服可以在客户不反感的情况下，与对方聊聊宽窄巷子、九眼桥酒吧

图 3-6　客户资料

等年轻人常去的地方，或者聊聊文殊院、青城山、都江堰等旅游胜地，都能够让气氛变得融洽。当然，如果双方比较忙或者客户没有聊天的欲望，那就不要勉强。

一个典型的实例如下所示。

【实例 9】

客户：老板在吗？

客服：在的亲。咦，您的头像是×××（某知名演员）的剧照啊，您肯定是他的粉丝吧？

客户：那还用说，我是他的铁粉。

客服： 握握手，我也是他的铁粉，我收集了好多他的海报和大幅剧照，堆了一书柜，哈哈！

客户： 真的吗？能不能发照片给我看看？我也有一些，我们可以相互交换。

客服： 没问题，不过您先说说需要什么样的商品，我帮您解决问题后咱们互相加微信。

客户： 好的呀！我主要想咨询一下你们店里的电烤炉。

需要注意的是，如果客服在提起商品以外的话题时，客户反应比较冷淡，则表示客户不想聊天，此时客服应马上将话题转回商品本身。此外，在和客户聊天以融洽气氛时，不要把话题聊得太远，否则就会浪费时间。一个合格的客服，在聊天时要能够做到收放自如。

2. 找到对方的优点进行称赞

赞美是人与人之间交际的润滑剂。赞美可以活跃气氛，营造和谐的沟通氛围。客服可以使用赞美语言，让客户得到满足感并降低防备心理。对于客服来讲，赞美式开场白是必须掌握的一种沟通技巧。适度的、真诚的、言之有物的赞美，可以让客户更容易接受客服，更容易认同客服的观点，为后续的营销打下良好的心理基础。我们不用去追究这其中深奥的心理机制，只要学会如何找到客户的优点并进行适度的赞美即可。

最常见的一个场景是这样的：

【实例 10】

（客户发来一个棕垫的商品链接）

客户： 老板，我想问一下这款棕垫的情况。

客服： 客官，我们这款棕垫销量非常好，您真有眼光。您有什么疑问请尽管提，我会为您解答。

客户： 它的内材是什么棕？

客服： 客官，我们这款棕垫内材用的是云南的山棕，每棵山棕树每年只能收割 6 ～ 8 片棕片，上百棵山棕每年仅能提供一床标准床垫的原材料。

客户： 是云南的山棕啊，还不错。那请问棕垫采用的是什么黏合方式？是胶黏还是线缝？

客服：都不是，我们是采用进口黏接纤维定型的。

客户：哦，就是通过热风定型的材料。

客服：对的，您真内行，一般人可不知道这个。这种定型方式既不像胶黏那样含甲醛、胶水等有害物质，又不像线缝棕垫那样影响床垫整体的平整度，可以说是目前最理想的黏合方式。看得出来您对这方面很了解。

客户：哈哈，我也是偶尔了解到的。价格方面，能再优惠点吗？

只要保持敏锐的观察力，就可以发现客户很多值得称赞的地方。例如，有的客户交流时用词典雅，可以称赞对方有文学修养；有的客户对商品非常挑剔，可以称赞对方有品位，不是随便将就的人；对于买东西给父母的客户，可以称赞对方有孝心；有的客户言语中透露出优越感，那么对方的生活可能比较优渥，客服可以称赞对方生活幸福，让对方得到心理满足，等等。善用称赞将会让客服工作变得更加轻松愉快。

3. 用幽默打动对方

幽默是一种人格魅力，可以征服很多人。在客服工作中，如果能够用好幽默，让客户莞尔一笑，自然就能拉近双方的心理距离，减少客户对客服的潜在抵触情绪。

幽默是一种比较有创造力的语言艺术，没有固定的格式和简单的创造方法。具有幽默感的人，常常灵感一闪就能够说出让人捧腹的话语。这种人当上客服，可以自然而然地以幽默的风格与客户交谈，而不是勉强说几个并不应景的笑话。

有的客服可能天生就比较严肃，不太会开玩笑，那么他们是不是就不可能用幽默风趣的语言来打动客户呢？答案是否定的。这样的人虽然没有什么幽默创造力，但对幽默的鉴赏能力还是有的，若能将网上正在流行的幽默段子、搞笑图片或有内涵的"梗"①，适度地加到与客户的交流中，也能取得很好的效果。

【实例11】

客户进店告诉客服，他的女朋友让他来店里买一款风格夸张的公主裙，他完全不知道这种裙子好看在哪里。面对这样的抱怨，客服赞成也不是，反驳也不妥，于是赶紧发

---

① 梗：网络用语，指笑点，是对"哏"字的误用。

送了一张"女朋友说的都是对的"的暴漫表情，如图 3-7 所示，一下子就让对方笑了起来。

图 3-7　聊天中的表情截图

4．让客户感到温暖

一般的客服都能做到彬彬有礼地接待客户，如果在此基础上能再加上一些热情和热心，让客户在感受到被尊重之外还能感受到温暖，这样就能极大地增加客户购买商品并成为回头客的概率。一个典型的用热情、热心争取到客户的例子如下。

【实例 12】

客户： 老板？

客服： 在的亲，请问您有什么事儿？

客户： 想请问一下你们 LH-5 这款机器的一些情况。

客服： 好的，您请讲。

客户： 这款机器在按"Power"键开机以后，按照说明书上的说明，第三个红灯应该亮起来，闪烁完毕后，当红灯变成绿灯时，就进入工作状态了。如果红灯一直在闪，那是什么原因呢？

客服： 亲，您这个问题是在实际使用机器时遇到的吧？可是我看了一下购买记录，您好像没有在我们店购买过任何机器啊？

客户：　还真是抱歉啊！其实我是在另外一家店购买的这款机器，刚才用着用着就出现了这个情况，本来是想联系他们的客服问一下的，但时间有点晚了，他们那边的客服可能已经下班了，没有人回答我，我又急着要用机器，没办法就想找你们店问一问，因为你们也在卖同款机器。如果你们没有时间回答我的话，也没有关系，毕竟东西不是在你们这儿买的，你们没有义务回答我。

客服：　亲，没关系的。您说的这个情况应该是滤网没有清洗干净引起的自检错误。您把滤网取出来，用刷子清洗干净，再装回去就可以了。如果情况没有改变，你可以用圆珠笔的笔尖戳一下复位孔，就可以搞定了。复位孔就在机器底部，翻过来就可以看到，上面标注着"Reset"。

客户：　真是太感谢了！我马上去试试。

客服：　不客气的亲，你这台机器的耗材消耗得比较快，我们店的耗材价格比较实惠，质量一点儿也不差，您后续有需要的话可以找我们购买哦！

客户：　没问题。

后来，这位客户果然一直在这个店里购买耗材，成为店里的回头客之一，还热心地介绍了多位客户进店购买。当初客服的热心帮忙得到了不错的回报。

5. 做一个倾听者

有的客户特别有倾诉欲，喜欢把所有的细节都讲得清清楚楚，有的甚至把不相关的事情也说上半天。例如，明明是购买母婴用品，结果非要拉着客服聊自己的育儿经。对于这样的客户，客服无须说太多的话，只要倾听客户的倾诉、给予适当的回答，并抓住机会将话题引导到商品上即可。

【实例 13】

客户：　老板，你们店里这套 A78 青花瓷摆件，如果不小心摔坏了其中的一件，还可以单独补吗？

客服：　请尽量不要摔坏了，因为我们拿货都是成套的，如果单独补一个的话，还要专门发单子给厂家，价格虽然不是特别贵，但需要的时间就比较长了。

客户： 你不知道，我们家的小泰迪呀，特别调皮，每天到处碰到处咬，可是我先生呢，又坚持要在博古架上放摆件，因为他就喜欢各种瓷器摆件。结果我们家小泰迪都打碎好几个摆件了，那些店铺都不给我单独补的，所以我才来问你们万一打碎的话能不能单独补一件。

客服： 您放心购买吧，没有问题的。

客户： 那就太好了。你不知道啊，除了摆件，我们家小宝贝还弄坏过不少东西，我先生都说过很多次"干脆送人得了"。可是我一个全职家庭主妇，白天老公上班、儿子上学，我一个人在家里待着太无聊了，养只小狗逗一逗，没事出去遛遛狗，就没那么无聊了。可是我老公一点儿都不考虑我的感受，就会叫我把狗送人，刚结婚那会儿可不是这样！

客服： 是的，家里有只小狗狗要热闹得多，不然一个人在家里空落落的，这我完全理解。

客户： 就是嘛，我们楼上有两口子，人家结婚十多年了，还是很恩爱，每天出门都还是手牵手，老公对老婆说话都是轻声细语、面带笑容。人家老婆也是全职家庭主妇，怎么待遇就这么不一样呢？

客服： 既然您老公喜欢瓷器摆件，那您可以在我们店购买一些比较有趣的小摆件，作为礼物送给他，多跟他交流您的一些想法和感受，一起来商量一下，看有没有办法既不影响小狗活动，又不会让小狗打碎东西。

客户： 嗯，这样也好。你有什么有趣的摆件可以推荐吗？

客服： 有的，您看这套限量版套娃怎么样？

　　善于倾听并非任由客户一直自顾自地说下去，客服还是要在适当的时机把话题引导到正轨上来，因为毕竟客服的时间和精力也是有限的，不可能一直和客户聊天。当然，客服不要因为客户啰唆就对客户爱答不理，只要稍微付出一点耐心并适时引导话题，促成交易都是迟早的事情。

6. 利用客户的逆反心理

　　逆反心理是一种常见的心理现象，如果能及时发现客户的逆反心理并调整相应的谈话策略，就可能收到较好的效果。

　　有些客户比较挑剔，无论客服怎么展示商品的优点，这类客户都会找出缺点进行反驳。即使找不到商品本身的缺点，也会从价格、售后等方面来挑刺。他们仿佛不是来购物的，而是非要和客服争一个高下。此时，最好的方法是坦然告诉客户，让客户去别家店看看，进行横向比较后再做决定。一个典型的例子是这样的：

【实例 14】

　　（客户给客服发来一个商品链接）

客户： 你家的锡兰茶为什么比别人家贵？都是一样的品牌、一样的包装，别人家只要×××元，还有赠品，你们这个价格贵了近四分之一，也没有什么赠品，为什么啊？

客服： 亲，我们这款茶在同行中的确不是最便宜的，非但这款，我们全店的茶都是这样。有些行业潜规则我们不好和您细说，但请您相信，一分钱一分货，你想买又好又便宜的，不是买不到，但是很难。您与其花很多时间去搜寻尝试，还不如直接买我们店的锡兰茶，贵是贵了点，但是喝着肯定放心。

客户： 可是这也是你们自己说的，我怎么知道你们店里的茶究竟是不是正宗的？

客服： 这是我们老板从斯里兰卡的产地直接运回来的，有进口报关单、保险单、装箱单、提货单等正规票据，还有提货、开箱、分装等视频，您要看的话我可以发送给您，这些资料足以证明我们店里的货是非常正宗的。

客户： 可是，我问了其他店，其他店貌似也有这些。

客服： 既然是这样，那就请您再多逛逛，多对比一下。网上购物不要急，货比三家才能买到好东西。您可以在各家店都少买一点儿来尝试。如果您能找到比我们家便宜、质量又不比我们家差的，那您就在那里买；如果您最后还是觉得我们的茶好，那我们也欢迎您常来购买。

　　如果客户无论如何都不相信客服，那就不要再多劝说。对这样的客户，过多的劝说只会起到反效果，还不如让客户自己去货比三家，然后再做出购买决定。一般来说，这种自信的回答可以让一部分客户信服，并成功推动其下单。同时，也可以让客服在这种固执的客户身上少花点儿时间，把精力投入到其他客户身上。

3.2.2　快捷回复的常用客服话术

很多客户询问的其实是类似的问题。如果每次都手工输入答案会花费客服很多时间，回复效率也很低。因此，为了提高工作效率，客服可以在相应的沟通软件上设置快捷回复短语，可以快捷地回答常见问题。在询问量较大的销售旺季或促销活动期间，使用快捷回复能够极大地提高客服的工作效率，增加客户接待量。

这里以淘宝、天猫平台的千牛软件为例，讲解如何设置快捷回复短语。其具体的设置方法如下。

（1）登录千牛工作台，进入"接待中心"，打开聊天对话框。❶单击对话框中的"快捷短语"按钮，❷在弹出的文本框里，单击下方的"新建"按钮，如图 3-8 所示。

图 3-8　单击"新建"按钮

（2）弹出"新增快捷短语"对话框，❶设置快捷短语，❷设置完成后单击"保存"按钮，如图 3-9 所示。

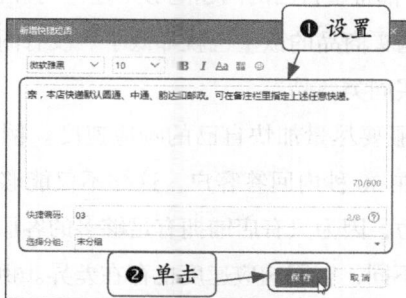

图 3-9　"新增快捷短语"对话框

快捷回复短语应设置为客户最频繁问起的问题的答案，如是否有货、什么时候发货、用什么快递等。这里介绍一些常用的快捷回复短语，仅供参考。

> 开场白：亲，您好。非常高兴为您服务，有什么可以为您效劳的呢？

> 询问是否有货：亲，您看中的这款宝贝有现货，您可以放心拍。

> 询问发货时间：每日 16:00 前拍下，可当日发货；16:00 后拍下，次日发货。

> 询问快递：本店默认发韵达、中通和 EMS。如果您的收件地址比较偏远，可以指定 EMS；如果您要得比较急，可以考虑自己补差价，发顺丰哟。

> 是否能讲价：亲，非常抱歉，我们的价格已经是底价了呢，没办法再优惠了。

> 对质量问题的质疑：我们的商品都是 ×× 正品，质量都是有保证的，您可以放心拍。

> 对退换货的存疑：如果存在质量问题，退换费用由我们承担；如果是非质量问题，退换费用由您自己承担。

> 拼邮包邮问题：我们家商品类目多，总有适合您拼单的，可以多看看，选满 ×× 元即可享受包邮哟。

3.2.3　售前客服的注意事项

客服在与客户交流时，还需注意一些常见问题，如长时间不回复客户、语言太浮夸、答非所问等，这些问题通常会造成客户流失。客服应随时提醒自己，不要犯下这些错误。

1．及时回复客户，不要让客户等待太久

客户在与客服沟通时，都希望自己的问题能够迅速得到解答。如果很久才得到回应，客户肯定是会不高兴的，购买商品的欲望也就降低了。没有耐心的客户甚至会直接关闭交谈窗口而到其他店铺购买同类商品。

为避免客户流失，客服要尽量加快自己的响应速度。例如，有的店铺规定，当客户有疑问时，客服最迟要在 30 秒内回答客户，这样不仅能够给客户留下良好的印象，还能从侧面体现店铺的实力，因为只有店铺拥有足够多的客服，才能快速响应客户。

当然，由于行业类目不同，客服响应速度也存在差异。例如，部分冷门类目，搜索量较小，咨询量也较小，所以配备的在线客服可能也较少，响应速度较慢一些，客户也会理解。热门类目则配备的客服较多，响应速度应该较快才合理。

客服主管可通过软件来查看客服的响应速度，并及时做出调整。例如，淘宝、天猫平台的店铺客服主管，可以通过"生意参谋"软件中的"服务洞察"功能，查看本店所属类目的客服接待能力，关注"30 秒响应次数""10 分钟未响应次数""客服平均响应时长""客服回复次数"等数据指标。

例如，某类目同层级优秀店铺的客服数据显示，平均响应时长为 18 秒，而自家客服的响应时长在 35 秒左右，那么该指标就急需调整。客服主管应查找响应速度偏慢的原因并进行解决。

有时会因为进店客户分流不合理，导致部分客服接待的客户较多，这部分客服的响应速度就会变慢，客户就会流失。在这种情况下，客服主管或店主就要重新进行分流设置，使之变得更合理，尽量使客户接待工作平均分配到每个客服的身上。

我们知道响应速度指的是客服对客户每次回复用时的平均值，那么提高响应速度的前提条件有如下两个。

➤ 充分了解商品知识，并制作快捷回复短语，对于常见问题用快捷短语回复。

➤ 在接待量比较多的情况下，用实事求是的说辞和态度获得客户的谅解，避免客户一直处于焦虑等待的情绪中。话术："亲亲，非常抱歉，这会儿接待量比较大，我会依次进行回复，请您稍等，我会第一时间为您服务。"

2. 赞美要真诚、精确，切忌过于浮夸

从心理学上来讲，合理的赞美能够满足一个人的自我需求，让一个人获得精神上的愉悦感，从而对发出赞美的人产生好感。赞美是客服最常用的交谈技巧之一。例如在实体店中，大家经常听到导购人员称赞客户"您的腿形真好看，很配这双鞋"，或者"您的气质比较适合这款衣服"。客户听了这样的赞美以后，心里会很高兴，购买的可能性也增加了。

对于电商客服来讲，学会赞美是非常必要的。当客户高兴地接受赞美后，就更容易接受客服的推销。与实体店的导购人员不同，电商客服见不到客户，赞美的难度也就比较大。一般可以从购物账号的头像、名称、等级或客户的购物习惯等角度进行赞美。

例如，赞美某账号的等级高："哇，您的购物等级真高，想必您是购物达人了吧？！

挑选东西肯定很有眼光。"如果无法从客户的账号资料中获取赞美点，那么可以尝试从客户的购买行为中获取赞美点。例如，如果客户心仪的商品是爆款商品，则可以称赞客户时尚，跟得上潮流；如果客户购买的商品是比较冷门的款型，则可以称赞客户有眼光，不俗气；如果客户指定要购买较老款型的商品，则可以称赞客户做事稳重，知道"最新的不一定是最好的"这个道理，等等。下面是一个典型的交谈案例。

【实例 15】

（客户发来一个商品链接）

客服：您好，很高兴为您服务，请问有什么可以帮您的吗？

客户：我就是跟你们说一声，这款连衣裙，我要的是素色那一款，你们千万不要发错了哦！

客服：您的眼光真好！这款素色连衣裙简洁大方，比花色的那一款更衬托气质。而且另一款花色买的人太多了，穿着上街容易撞衫。

客户：我就是不想撞衫才选的素色，看来选对了。

客服：您放心吧！我会特别叮嘱库房，一定不给您发错花色。您可以放心地拍了。

客户：好。

夸奖客户时，还要注意语气自然，不要让客户觉得突兀、别扭。客服要在赞美之前组织好语言，用词力求平实、准确，切勿使用一些非常华丽的辞藻，否则会让客户认为这名客服是一个做作的人。

3. 不要答非所问，掩盖缺点

由于电商线上销售的特殊性，客户只能从网页上了解商品的特点，因此一些客户会通过询问客服来进一步了解商品的优缺点。

有部分客服在回答客户问题时，为避免暴露商品的缺点，常常会答非所问，自以为可以成功地隐藏商品的缺陷问题。但其实，这样的做法不仅会引起客户对客服态度的不满，还会对商品产生更多的质疑，认为商品存在更多的问题，故而放弃购买。

因此，客服最好正面回复客户的问题，不要回避，最好是诚实地将可能出现的问题告诉客户，并强调问题出现的概率较小，而且本店有较好的售后服务，让客户可以放心购买。例如，鲜果在运输过程中，为保证鲜果不受磕碰，会在箱内放置网套、泡沫纸等保护材料。当客户询问具体的商品重量时，不能答非所问。

【实例 16 】

客户： 礼盒 10 斤装是水果净重 10 斤吗？

客服： 亲，10 斤装是足秤的哦，我们的果子都是今天现摘的，十分新鲜。您现在下单的话，今天还能发货。

　　案例中客服的回答含糊其辞，只说了 10 斤是足秤，却没说清到底是净果足秤还是加上包装足秤。正确的回答应是：

客户： 礼盒 10 斤装是水果净重 10 斤吗？

客服： 亲，您好！10 斤指的是净果＋网套＋礼盒的总重量。由于鲜果属于生鲜产品，为防止运输途中碰坏，我们给每个果子都套了网套，再加上礼盒，一共重 10 斤。此外，生鲜产品在运输过程中，由于水分、糖分会发生变化，重量也会有些许变化，还请您理解。

客户： 那净果的重量是多少？

客服： 鲜果个头有所差异，不能保证每箱的净果重量都一致。但公司严格规定，每箱净果重量不能低于 9.4 斤。

客户： 行吧，只要收到的水果是完好的，净重不足 10 斤也可以理解。

客服： 您放心，我们肯定用最好的包装给您发顶级果子，您吃好了，才会再来呀。

4. 应客观回复客户提出的有关商品对比的问题，以增强客户对商品的了解

　　俗话说"货比三家"，客户购物时常常也会对同类商品的价格、属性、评论等进行比较。客服在工作过程中，遇到客户提出与其他商品对比的问题时，不要认为客户难缠而敷衍了事。

　　试想，如果客户对商品没有浓厚的兴趣，自然也不会去对比其他店铺的同类商品。所以，客户若进行比较，客服应耐心解答商品的相同点和不同点。例如，客户在对比两种属性类似的水果时，客服可以做如下解答：

【实例 17 】

客户：我很喜欢吃杧果，在对比你们家和 ×× 家后，发现你们两家的杧果产地、单个重量、价位、销量都差不多呢。

客服：亲，您眼光真好，×× 家和我们家都是销售海南杧果口碑很好的店铺。相信您对比下来也看到了，我们两家的实力可以说是不相上下的，出售的杧果无论是从个头、口感还是价格来说，都具有相当大的优势。而且我们在包装箱内增加了多层缓冲，以减少杧果在运输过程中的损坏。您在哪个城市呢？

客户：昆明。

客服：真巧，我们今天上午刚摘了一批 8 成熟的果子，发到昆明大约需 4 天时间。如果您现在下单的话，马上安排发货，到您手里时杧果正好全熟。而且您做了对比，应该知道我们的杧果质量好，加上我们的运输优势，保证您第一时间吃到既新鲜又完好的杧果。

客户：这样啊，那就相信你们一次，买你家的了！

3.3　商品介绍与联单销售技巧

　　商品介绍与联单销售是售前客服工作中难度较大也较为重要的两项工作。客服只有掌握一定的商品介绍技巧，在解答客户疑问的同时才能激起客户的购买欲望；而联单销售技巧可以让客服说服客户在一单交易中购买更多的商品，增加单次服务的销售额，提高客服服务的效率。

3.3.1　商品介绍技巧

　　向客户介绍商品是为了说明商品的基本信息和卖点，以及相关的快递、售后等服务的情况，促使客户下单购买。在介绍商品时，常常会用到一些技巧，这些技巧可以有效地提高客户购买的概率。

1．有针对性地进行介绍

　　要想促成客户下单，必须先摸清客户的需求，然后有针对性地介绍商品，才能击中客户的痛点，从而打动客户。如果客服只是照本宣科，机械地介绍商品，不能真正地解决客户的需求，那么客户下单的可能性也会相应降低。因此，客服在和客户交谈时，应该主动提问，摸清客户的需求，再选择相应的商品进行介绍；或者针对客户的需求，重点介绍商品的对应特点。

例如，很多洗护用品都有多个功能类型，如某品牌系列的洗发水，有去屑型、修护型、柔顺型等多种类型。当客户询单时，客服应有针对性地进行介绍。

【实例 18】

客户： 你们这款洗发水的销量很好啊！

客服： 欢迎光临，亲！是的呢，这款洗发水的主要成分是生姜、甘油、椰油，可解决多种发质问题。请问您的发质有什么状况呢？

客户： 我头发特别油腻，半天时间就很油，而且掉发情况严重，头发末梢还有分叉。

客服： 您别担心，您这种状况在很多人身上都出现过。我们 ×× 系列洗发水中的去油款，控油效果好，对头皮也有保护作用。考虑到您发梢还有分叉的问题，建议您同时试试我们的另一款用户反馈很好的护发素，其对抑制掉发、头发分叉有较好的效果。这两款组合使用，非常适合您现在的发质情况。

客户： 好，那我就各买一瓶来试试。

ⓘ 提示　处理多种问题时要善于抓住重点

有的商品可能不能一次性地解决客户所有的问题，此时客服要帮助客户先解决重要的问题。例如，某客户想同时解决痘痘、偏黑等问题，客服可建议客户先祛痘，再做美白。

---

2. 说明商品受欢迎

有时客户听完商品介绍后，还是比较迟疑，这可能是因为商品的特性不是很打动客户，也可能是客户本身的购买意愿不太大。此时，客服要想办法进一步说服客户。一个较好的方法是向客户出示商品受欢迎的证据，让客户放心购买。一般证据包括销量与评论量截图（见图 3-10）、收藏截图（见图 3-11）等。

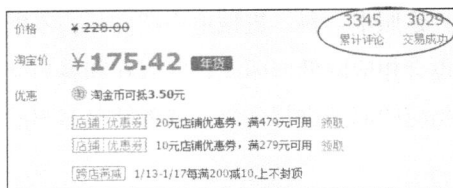

图 3-10　销量与评论量截图

图 3-11　收藏截图

虽然这些信息客户自己也能看到，但并非所有的客户都会去看，客服主动将这些信息展示给客户，可以在客户犹豫不决的时候起到促单的作用。

此外，对客户看不到的一些信息也可以用照片的形式展示给客户，如大量的库存、厚厚的一沓快递发货单等，都有良好的促单效果。

3. 用优惠活动吸引客户

客户在犹豫的时候，客服可以主动将店铺里的优惠活动告诉客户，以吸引客户购买。即使是那些本来觉得可买可不买的客户，也往往会因优惠而下单。一般的优惠活动包括店铺赠品、送优惠券、购买返现、下单折扣、满就送、满包邮等，这些优惠活动不一定都会在店铺首页或者商品详情页中写明，有些优惠活动甚至是只针对老客户举行的，所以有时候客户并不知道店铺正在搞活动。如果客服把活动信息主动告诉客户，则会让客户产生惊喜的感觉。

【实例 19】

客服：这款净水器的功能和价格，您还满意吗？

客户：还行，不过我现在不太着急用，我和老公商量后再做决定吧。

客服：亲爱的，饮水这种事儿表面上看起来，好像早一天晚一天都没有关系，其实早一天开始就能够早一天得利、早一天健康。您咨询净水器，肯定也是想喝健康、干净的水，既然如此，何不早点买呢？而且我们这款净水器现在正做活动，凡是新客户购买这款净水器，都可以获赠一套茶具（见图 3-12），茶具的做工非常精美，数量也有限。虽然您已经是我们店的老客户了，但如果您今

图 3-12　赠品茶具套装

天下单购买的话，我也可以特别申请送一套茶具给您。

客户： 也是，我们一直打算买个净水器的，那我就买一个吧。净水器和茶具你们检查好再发给我，不要有破损哦。

客服： 肯定是先检查再发货的，您放心。

客服在向客户介绍优惠活动之前，要注意观察客户是否处于一种买与不买的犹豫状态，如处于此状态则是最好的介绍时机。但如果客户的购买意愿不强，也可以不向其介绍优惠活动，适时结束交流，把精力转移到其他客户身上，这样更有利于提高工作效率。

4. 注意专业术语的使用

专业术语是相对日常用语而言的，专业术语一般不易从字面上进行理解，如照相机中的"景深""焦距"，计算机中的"一级缓存""二级缓存"等，不了解的人就毫无概念，但对了解的人而言，使用专业术语交流起来会非常方便。

在本书 1.1.2 小节中提到过，客服在与客户交流时，有时需要扮演一个专家的角色，站在专业的角度去介绍商品的属性、功能等信息，这样更能获得客户的信任。

对于不同的商品和客户，客服要考虑是否使用专业术语。如果客户购买的都是日常用品，用一些日常用语回复即可。例如，某客户在询问某款玻璃杯时，客服可以告知杯子相应的适用情形，而无须使用专业术语进行详细解释。

【实例 20】

（客户发来某一微店商品链接）

客户： 这个杯子用来日常喝水怎么样？

客服： 您好，很高兴为您服务。您挑选的这款杯子是透明的玻璃材质，不含任何有机化学物质，因此不必担心化学物质会被喝进肚子里。而且玻璃表面光滑，容易清洗，非常适合家用和办公室用。

客户： 我就是纠结选这款玻璃杯还是选另一款陶瓷杯。

客服： 咱家的陶瓷杯都是经过高温烧制而成的，也具有卫生、安全、易清洗等特点，而且还适合微波炉用。生活中使用陶瓷杯的地方也很多，如喜欢喝茶或喝咖啡的，就可以考虑入手一个，很显品位的。这就看您有没有喝茶或喝咖啡的习惯了。

客户：我经常喝纯水，那还是买玻璃杯吧。

如果客户进行深度询问，**客服则应使用专业术语作答**，例如：

客户：这个杯子的保温性好不好？

客服：您好，很高兴为您服务。您挑选的这款保温杯，保温性能是非常好的，倒一杯开水在里面，放一个通宵都还是烫的。而且这款杯子还有耐用抗摔、上档次、重量轻等优点，非常适合有车一族、上班族，或者出差、乘长途车等时使用。

客户：这款杯子的材质好不好？

客服：挑选保温杯时，主要看两个地方。一看编号。每个杯身都印有一个三角形符号，里边有一个 1 ~ 7 的数字编号，每个编号代表着它们的制作材料。其中编号"5"代表 PP（聚丙烯）材质，是最安全的塑料材料。二看材质。保温杯虽然都是不锈钢材质的，但不锈钢材质也分为 304、316、201 等型号。其中"304 不锈钢（18/8）"是国际公认的食品级不锈钢，"18/8"表示此不锈钢材料成分中含 18% 的铬和 8% 的镍。我们的这款杯子是编号为"5"、不锈钢为"304"的保温杯，材质方面您可以放心。

客户：哦，保温杯中还有这么多学问呢，长知识了。材质好，我就放心了。

由此可见，客服应根据客户的提问来决定是否使用专业术语。在适当的时机使用专业术语，有以下两方面的好处。

➤ 方便交流。因为专业术语一个词就可以代表很长很复杂的意思，与懂行的人交流起来就非常方便。

➤ 彰显专业。在特定情况下使用专业术语可以显得自己有水平、有档次，让客户更加信任商品。

3.3.2　联单销售技巧

客服如果想提高客单价，就要掌握一定的联单销售技巧。联单销售的目的是劝说客户多买商品。假如将客户本想购买的商品称为"主商品"，那么客服可以在介绍主商品的特性之余，再给客户介绍一些相关商品。例如，客户要购买的主商品是平板电脑，则可给客户推荐保护套、钢化膜。联单销售的另一个主要实现方式是店内的促销活动。

促销活动通常能够为客户制造一个很好的购物理由。丰富多彩的促销活动能够有效地提高客户对店铺和商品的关注度，为店铺的销售增添动力。

1. 限量促销

限量促销是在数量上进行限制，让客户产生紧迫感，以此推动客户下单。当客户感觉某款商品快卖完的时候，就会产生'再不买就买不到了"的心理，这种心理促使客户快速做出下单购买的决定。

客服在限量促销期间常用的促单话术如下。

➤ 亲，这款胸针只有200个，卖完就没有了。因为这个款式做工特别繁琐，厂家做起来非常费时、费事，都不愿意做了，下次厂家能不能接单还是个未知数，这一批有可能就是最后的绝版了。如果您真的喜欢这款胸针，可以考虑现在下单哟！

➤ 我们这款短靴是外贸尾单，只有300双，卖得非常好，现在只剩几十双了。如果您真心喜欢，可以考虑现在下单，不然后期可能就断码了。

➤ 这批杯子是我们老板从朋友那里拿的抵债货，价格非常优惠，但是数量不多，卖完也就没有了。毕竟这种事也不是常有的，难得碰上一次。保温效果这么好、价格这么实惠的杯子，正常渠道是拿不到货的。您可以考虑考虑。

限量促销有两种方式，一种方式是写在商品详情页上的限量促销，这种方式通常容易被客户注意到；另一种方式是没有写在商品详情页上，但是通过详情页的库存量可以看到其剩余数量，如图3-13所示。在这个时候，客服就要特别地提醒客户。

图3-13 库存数量图

客服要注意观察客户，如果客户并不是特别想买该商品，就不要提限量发售，因为它对这类客户是起不到推动作用的。

2. 限时促销

限时促销是在时间上进行限制，以制造紧迫感。有很多客户喜欢在了解商品之后，考虑几天再决定买不买。对于这种类型的客户，限时促销是一个非常好的推动方式。

限时促销方式一般在众所周知的节日，如春节、国庆节时采用，也可以在电商平台举行的"6·18""双11""双12"等购物节中采用，为期一般是 2 ~ 7 天。限时促销的实现方式有很多，如在促销期内领券立减（见图 3-14）、拍下打折、拍下送赠品等。

图 3-14　领券立减

客服在促销期间常用的促单话术如下。

➤ 我们这次促销活动到 20 日就截止了，以后再也没有这么大力度的优惠了，请您抓紧时间考虑。

➤ 亲，这次促销活动只有 3 天时间，到今晚 11 点就结束啦！11 点以后立即恢复原价！原价会多出 70 多元，您可以考虑是否购买，省下这 70 多元！

➤ 亲，这款卫生纸促销期间打六折，买的越多省的越多，很多老客户都在促销期间囤货，可以省下不少钱呢！不过促销活动到明天就截止了，请您留意一下时间。

当与客户沟通时，客户说要考虑考虑，或者长时间没有反应，这时就可以提醒对方"本商品限时促销，一定要把握好时机"，以此推动客户下单。

有的客户比较谨慎，即使看到限时促销，可能还是会到别的店铺去比较。对于这样的客户，不用频繁发消息，以免适得其反。

3. 赠送运费险

所谓的"运费险"，即退货运费险。在客户确认收货之前，一旦发生退货操作，淘宝平台就会自动退还客户一定的运费，其金额大致根据客户的收货地与店铺退货地之间的距离来判断（可能还与店铺的退货率有一定的关系，这里不做探讨）。

虽然退赔的运费金额不一定等于客户退货时实际支付的金额，但至少能够补偿

80% 以上，可以极大地减少客户的损失，也可以避免退货运费由谁承担的纠纷，对店铺和客户来说都是有利的。

运费险可以由客户在购物时自己选择是否参保，如图 3-15 所示；也可以由店铺出钱为客户购买运费险，这样客户就可以不出一分钱而享受退货运费返还的保障了，如图 3-16 所示。

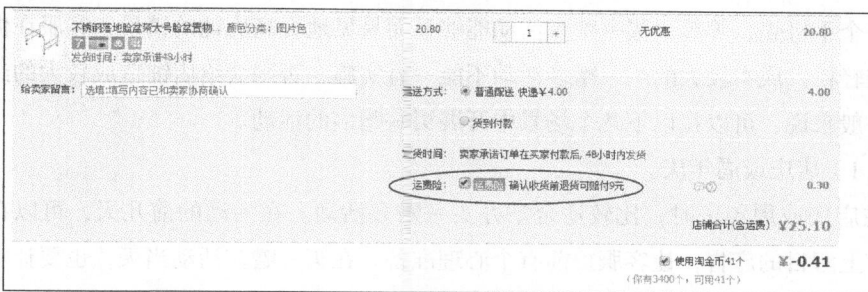

图 3-15　自行购买运费险

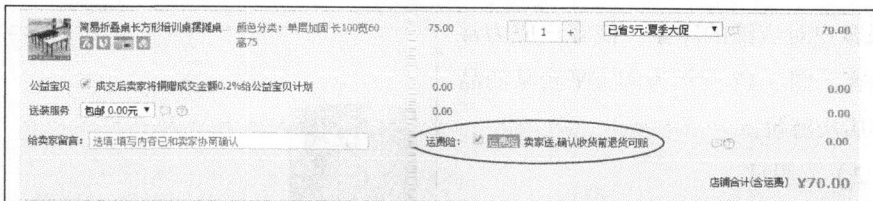

图 3-16　店铺赠送运费险

客户下单前考虑得比较多的一个问题是假如自己不喜欢这款商品，退货的话就会自己承担运费，这对客户来说是一个不大不小的负担，特别是在商品价格不太高的情况下，运费的比重就显得比较高了，这对客户来说是非常不划算的。

要打消客户的这类疑虑，通常使用以下几种话术进行劝导。

➤ 请您放心购买，如果您对商品不满意，请直接申请退货，我们为每个客户都投了运费险，客户退货可以获赔运费哦！

➤ 你可以买回去先试用几天，如果商品出现问题或者您不喜欢，走个退货流程退给我们就是了。我们为每个客户都投了运费险，您可以放心退货。退货运费您先垫付，稍后运费险赔付的运费会退到您的支付宝账号。

需要注意的是，必须提醒客户收了货先不要忙着确认收货，因为一旦确认，运费险就失效了，再退货就只能由客户自己承担运费了。

4. 买一赠多

买一赠多是最常见的营销手法。例如，补水面膜买一盒送一盒，手机钢化膜买一张送一个手机壳，等等。买一赠多活动能够显而易见地提高店铺的销量，客服在促单时也比较轻松。成本较大的买一赠多活动不能一直实施，否则会给店铺造成较大的经济损失。一般来说，可以在以下几个场景中开展买一赠多的活动。

（1）店庆或周年庆。

在店庆或周年庆时，比较适合举办买一赠多活动。在活动的前几天，可以在店铺首页打上醒目的广告，让客服提前有个心理准备。在买一赠多活动当天，也要让客服做好准备，迎接比平时更多的工作量。

在店庆或周年庆时开展买一赠多活动，不但可以让客户享受到实在的优惠，还能够加深客户对店铺的印象，使客户成为常客、熟客。图 3-17 所示为淘宝平台某商品十周年店庆特价。

（2）节假日。

节假日是送礼的好时机，在春节、元宵节、重阳节、端午节等节日都可以开展买一赠多的活动。例如，经营鲜花类目的

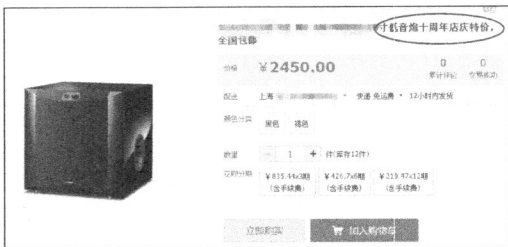

图 3-17　淘宝平台某商品十周年店庆特价

店铺，在情人节当日开展在店内购买超过 158 元金额的商品，即可获赠一对情侣钥匙链的活动。

（3）客户生日。

客户过生日时是联络感情的最佳时机。客服不但可以通过电话或短信祝福客户，同时还可以告诉客户可以享受买一赠多的优惠。这样，客户既感受到了精神上的关怀，又得到了实际上的利益，对店铺的好感就会上升到一个新的高度。

这种专门针对客户生日而举行的买一赠多活动，由于成本较小而效果不错，所以

值得长期实施。

（4）新客户第一次进店购物。

当新客户第一次在店里购物时，客服可以针对该客户实行买一赠多的促销策略。这样不仅能促使新客户下单，还能让新客户对店铺留下深刻的印象，以后购物时都会很自然地先想起这家店铺。

例如，当客服在与客户的交流中明显感觉到客户的犹豫时，可以适当提醒客户，店铺会赠送新客户礼物，以促成订单。一个典型的案例如下。

【实例 21】

（与客服交谈一番后，客户表示还要再考虑考虑）

客服: 对了，亲，您是第一次来我们店里吧？我们店里最近在做活动，凡是进店的新客户下单都可以领取一支价值 19.9 元的护手霜。您喜欢什么味道的护手霜？我们有玫瑰味、茉莉味、乳木果味的。

客户: 我比较喜欢玫瑰味，味道不是很浓的那种吧？

客服: 这款护手霜是滋润型的，滋润效果很好，味道偏淡。

客户: 好的，那我就要玫瑰味的。谢谢你们呀，我去下单。

5. 搭配套餐

搭配套餐是将几种商品组合在一起设置成套餐来进行捆绑销售的方法。搭配套餐可以让客户一次性购买更多的商品，从而提升店铺的销售业绩，增加商品的曝光力度，节约人力成本。

客服在与客户交流中，可以推出搭配套餐，以提高客单价。如图 3-18 所示，童装客服在客户购买了一件衣服后，给出搭配建议，并提到"再选购一件正价商品，还可以再优惠 3 元"，用主动搭配加优惠的方式来建议客户多买商品，以此提高客单价。

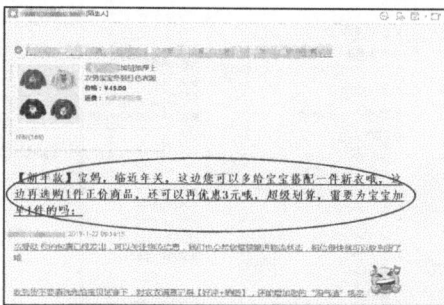

图 3-18　建议购买搭配套餐

3.4 售中订单处理

在电商平台的网购流程中，售中工作均为处理订单。客户下单后即进入售中流程。客服首先应查看订单信息，并确认是否已经付款。如已付款，则向客户确认商品信息，并安排发货及更新物流信息，保证货物顺利到达客户手中。在交易完成后，双方还要互相评价。这里以淘宝平台的订单处理流程为例进行讲解。

3.4.1 确认订单

在生成订单的过程中，需由客服核对商品信息和付款信息，并及时联系客户，与之确认具体的商品信息、收货信息以及备注信息。做好这些售中服务，可以大幅度减少售后纠纷。

1. 确认订单是否付款

如果客户购买了店铺中的商品，就可以耐心地等待客户付款，直到客户付款以后，订单才能进入下一个流程。

进入"我的淘宝"，在"交易管理"栏中单击"已卖出的宝贝"超链接，当看到"买家已付款"字样时，即可确认客户已付款，如图 3-19 所示。

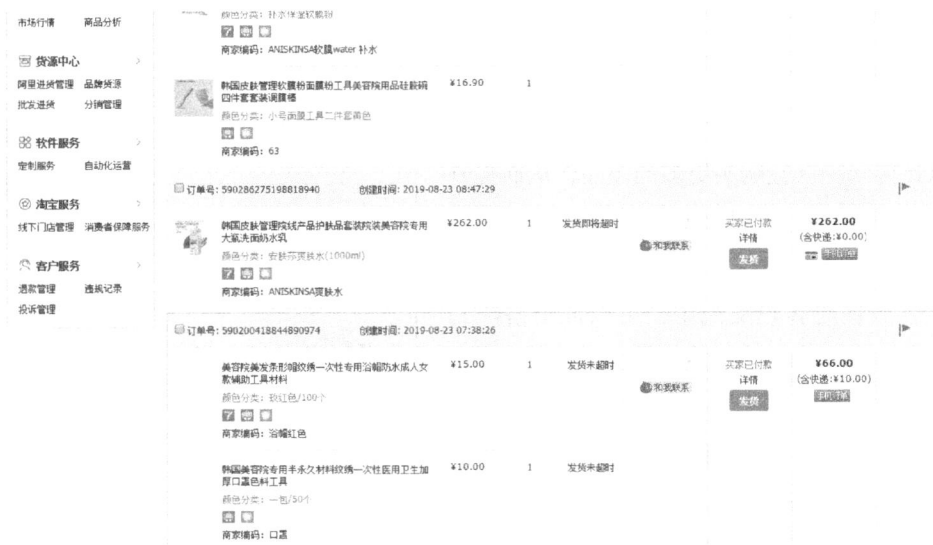

图 3-19　确认客户付款信息

2. 确认商品信息

为了减少发错商品的情况，客服应在订单付款后与客户确认商品信息。一般情况下，客服应先自己确认商品信息，如颜色、尺寸、库存等，如果这些商品信息都正确，应及时与客户确认商品信息和收货地址，如图 3-20 所示。

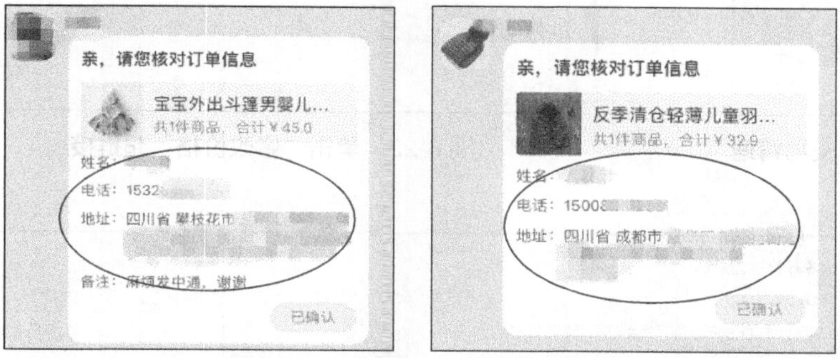

图 3-20　确认商品信息和收货地址

3.4.2　修改订单

客服在处理订单的过程中，可能遇到需要修改订单的情况，如修改订单的价格、关闭无效订单等。客服要熟悉这些操作流程，快速为客户解决问题。

1. 修改订单价格

电商平台上也存在议价的现象，部分客户喜欢在下单前与客服讲价，有时客服会进行小幅度的降价，以促进成交。降价协议达成后，客户会先按照原价拍下商品，然后由客服将订单的价格修改为降价后的价格，之后客户再付款。这里以淘宝平台为例，讲解如何修改已成交订单的价格。

（1）在"交易管理"栏中，单击"已卖出的宝贝"超链接，如图 3-21 所示。

（2）显示所有出售的宝贝信息，单击选择要修改价格的宝贝，在宝贝标题的最后方单击"修改价格"超链接，如图 3-22 所示。

（3）进入修改页面，❶ 修改价格，❷ 单击"确定"按钮，如图 3-23 所示。

图 3-21　交易管理

图 3-22　单击"修改价格"超链接

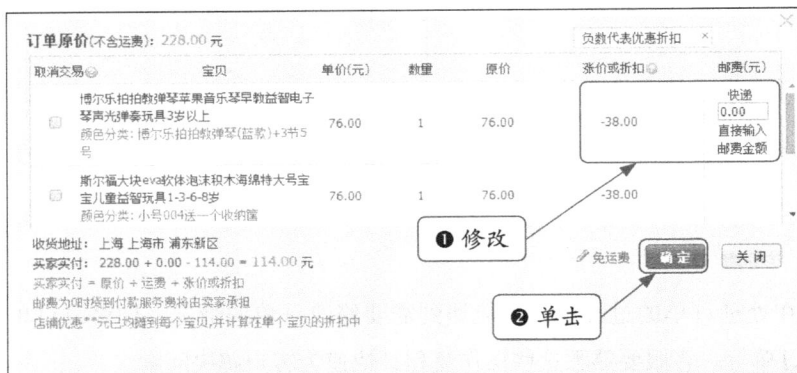

图 3-23　修改价格

修改完成后通知客户刷新付款页面，客户刷新后就可以看到新的价格了。

2. 关闭无效订单

有的客户下单之后，因为种种原因又不想买了，其通常会联系客服取消订单。这是店铺经营过程中难免要遇到的情况。客服可以先和对方沟通，问问原因，看能不能说服对方购买或换款购买。如果不行，将订单关闭即可。

（1）进入订单列表，单击需要关闭的交易商品后面的"关闭交易"超链接，如图 3-24 所示。

（2）❶ 选择关闭理由，❷ 单击"确定"按钮即可，如图 3-25 所示。

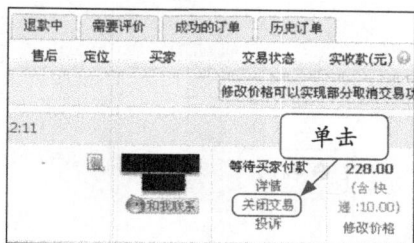

图 3-24 单击"关闭交易"超链接

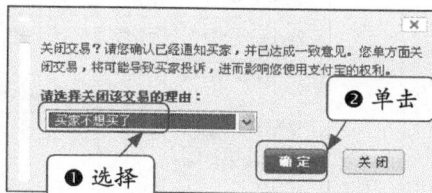

图 3-25 确定关闭订单页面

3.4.3 确认发货

当客户的商品发出后，客服就要根据发货订单来录入淘宝平台，创建发货订单，这样客户也会相应地看到商品快递的订单编号等信息。其具体操作方法如下。

（1）单击"交易管理"栏中的"已卖出的宝贝"超链接，如图 3-26 所示。

（2）在右边展开的列表中，单击"发货"按钮，如图 3-27 所示。

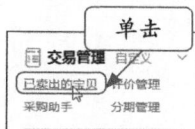

图 3-26 单击"已卖出的宝贝"超链接

图 3-27 单击"发货"按钮

（3）❶ 确认"第一步"中的收货信息和"第二步"中的发货/退货信息。❷ 在页面下方的"第三步"中选择所采用的物流方式，如这里选择"自己联系物流"；❸ 在文本框中填写发送的货运单号以及选择对应的物流公司；❹ 单击"发货"按钮，如图 3-28 所示。

完成发货流程后，客户可以在自己的"已买到的宝贝"页面的"我的订单"选项卡中，查看每件商品的快递情况，包括委托的快递公司、运单号以及运输情况等。客户可以根据这些情况大致估算收货的时间。

ℹ 提示　提醒双方互评

客服在确认发货后，应及时将物流信息发送给客户查阅，并提醒客户签收货物。同时，为了提高商品的展现量，客服应委婉地提醒客户给予评价。待双方互评后（包括追评），整个订单才算完结。

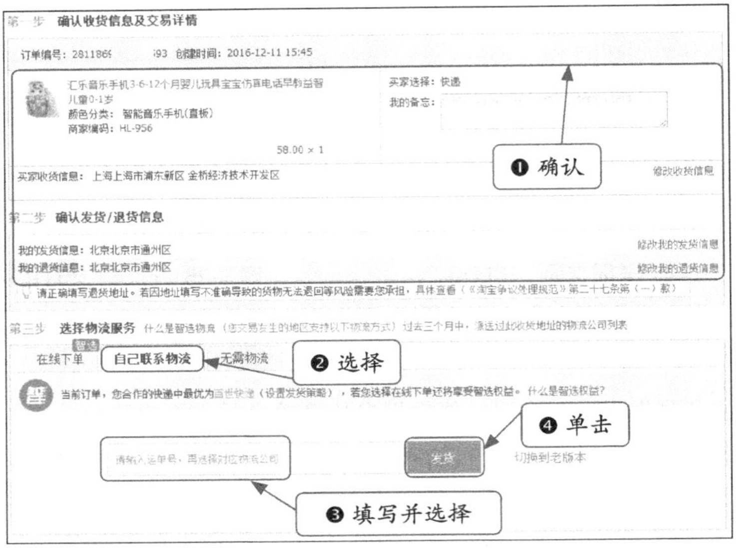

图 3-28　确认发货页面

3.5　售前售中常见问题的处理技巧

在售前过程中，难免遇到客户讲价、对商品存疑、拍下不付款等问题。客服应掌握相应的处理技巧，正确应对，以促进订单成交。

3.5.1　正确应对讲价

很多客户喜欢在购物前与客服讲讲价，成功了就可以节约一点儿小钱，不成功也没有任何损失。所以，客服在与客户交流的过程中有时会碰到讲价的情况。

客服应该尽量不让客户讲价成功，否则损失的不仅是店铺的利润，而且客服本人的业绩提成也会受到影响。此外，若让其他客户知道了，可能也会要求降价，这将对店铺造成不良的后果。

1. 了解讲价客户的类型

如图 3-29 所示，讲价的客户分为试探型、允诺型、对比型、直言不讳型、威胁

型。针对不同类型客户的讲价，其应对方式也有
所不同。

（1）试探型客户。

试探型客户在发问时，语气温柔，以询问的
口气为主。这类客户大部分在被礼貌地拒绝讲价
后，还是会主动拍下付款的，属于相对较好应对的
客户。针对这类客户，客服应趁机介绍商品组合或
店铺活动，引导客户多买一些商品。如果没有活动，
先礼貌拒绝再看情况。

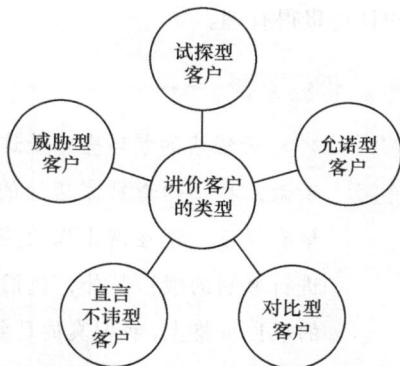

图 3-29　讲价客户的类型

【实例 22】

客户：能不能便宜点？

客服：亲亲，这件宝贝有一个超值的组合我发给您看看，组合更划算的呢！（仅限有
　　　搭配组合的商品）

（2）允诺型客户。

允诺型客户言语间已经透露出要买的意向，只是希望能再获得折扣。对于这种已
经下定决心购买的客户，只要应对得当是很容易促使其下单的。客服只需表明商品价格
合理、质量有保证、老客户很多，一般就能打动允诺型客户。

【实例 23】

客户：太贵了，第一次来你给我便宜点，我下次再来，还会带很多朋友来。

客服：亲亲，非常感谢您的光临。咱家非常注重商品质量，价格也都很亲民，很多都
　　　是回头客呢！要不这样，您下次带来朋友，我给你们都打九折。

（3）对比型客户。

对比型客户喜欢拿别家的商品、别家的价格来做对比。遇到这类客户，可以告诉
对方自己的商品和服务好在何处、贵在哪里，把道理讲明白，增加客户的信任感，让客

户认可贵得有理。

【实例 24】

客户： ××天猫店的紫砂壶也是这个材质，但是比你们的便宜，你再给我算便宜点吧？

客服： 亲亲，我不知道别家店铺的商品是不是与我们一样是正品，但我们家商品的质量有保证。现在网上以次充好、以假乱真的现象普遍存在，需要您的火眼金睛进行鉴别的哦！另外，我们还有超长的 18 个月摔坏包赔保险，性价比是非常高的哦！价格上，我们真的已经是微利运作了，没办法再让利了，这一点请您理解！

（4）直言不讳型客户。

直言不讳型客户一般不会通过贬低商品来讲价，而是直接表明商品很好，但就是价格过高，希望商家降价。这类客户看起来挺强势，但很好沟通，属于单纯想讲价的类型。针对这类客户，客服可以顺着客户的意思阐述商品的优势，让对方知道价格虽贵，但物有所值。

【实例 25】

客户： 你们家这款茶叶什么都好，就是价格太贵。

客服： 亲亲，我完全同意您的意见，但俗话说得好："一分钱一分货。"我们家的茶叶为了保证香味自然、经久耐泡，完全没有打农药上化肥，成本很高的，但您喝着绝对可以放心，不但味道正，而且纯绿色，绝对不会有农残损害您的健康。我相信您会有正确的判断的。

（5）威胁型客户。

威胁型客户说话比较直接，经常表示如果商品不降价，就去别家购买。客服面对这样的客户，不要慌张，更不能盲目降价，但可以赠送一点儿小礼物，以免后期被客户频繁要求降价。正确的应对方式如下。

【实例 26】

客户： 就我说的价格啦，卖的话我现在就拍，不卖我就下了（或去别家了）。

客服：　亲，咱家这个质量比较好，您这个价格我们肯定做不出来的呢！（表情）这样，
　　　　我破例送您一份小礼物吧，仅限这一次哦，本来满××元才送的。麻烦您收到
　　　　商品后，多为我们店宣传一下呢。（表情）

2. 说明公司规定不允许降价

　　有的客服有一定范围内的降价权力，有的客服则没有。不管有没有，当客服决定
不接受客户讲价时，都应向客户表示自己没有降价的权力，从根本上杜绝客户想讲价的
企图。

【实例 27】

客户：　这款沐浴露还能再便宜点吗？再便宜点我就买 5 份。

客服：　亲，您买多买少，我都不敢降价内，因为公司有规定，任何商品都不允许客服
　　　　私自降价，否则客服得自己掏钱赔偿公司，还要扣绩效分。要不这样，您拍 5
　　　　份的话，我送您一个护手霜小样好不好？

客户：　也可以的。

3. 说明已是同类商品中较低价格

　　当客户讲价时，客服可以用"横向对比法"，将其他店铺的同款商品价格展示给
客户看，让客户明白这个店铺的商品价格已经比较实惠了，降价空间不大，从而放弃继
续讲价。

【实例 28】

客户：　你们这款背包，我觉得有点贵了，能不能再便宜一点儿？

客服：　亲，这款背包是我们店为积累人气做的一次优惠活动，价格是最优惠的，而且
　　　　是官方直销，质量和售后服务都有保障。

客户：　淘宝上肯定还有比你们更便宜的同款。

客服：　这个我不否认，不过我们店的价格应该是同类商品中价格比较低的，您不信可

以再去逛逛。而且有一点请您考虑，我们是金冠店，信誉和售后服务都没得说，在我们这买东西，您完全可以放心，我们绝对不会像那些低价冲信誉的店一样，只管销量不管质量。

客户：这样啊，那我不看了，就在你们这里买吧！

当然，店铺的商品必须要真的比大多数同类商品都便宜，才有底气让客户去自行比较，这就要求店主或客服平时要注意收集同类商品的价格信息，明白自己店铺商品的定价处于哪个层次，以此来决定是否使用这个理由来拒绝降价。

4. 分析商品成本，摆明利润空间

客户讲价无非是希望商家把利润让一点儿出来，假如客服能够说服客户相信自己利润本来就很低，就可以理直气壮地拒绝客户的讲价。

那么怎样让客户相信商品利润不高呢？一个好办法：将商品的各个组件和各种成本摊开来告诉客户，并明确说明自己的利润空间已经很小，通常就可以让客户放弃讲价的想法。

【实例 29 】

客户：你们店这台电脑主机要 ×××× 元，我觉得价格有点儿小贵了，可不可以再便宜一点儿？

客服：亲，我们仅是赚点组装手工费，辛苦钱，配件都不赚您的钱的，价格上真的没法再少了，请您理解！

客户：不可能啊，几千块的东西怎么就没法再少了？

客服：亲，您听我给您算算账。这款主机要保证使用流畅，CPU 采用的是 ××××，时价 ×××× 元；配套的主板采用 ××× 的主板，时价 ××× 元；独立显卡采用的是 ××× 型号，以保证画质，时价 ××× 元。同时，为了保证流畅度，内存也用了 16GB 的 ××× 内存条，时价 ××× 元；硬盘是 ××× 的固态硬盘，时价 ××× 元；××× 品牌的电源和 ××× 品牌的机箱，一共 ××× 元。这些加起来，总计要 ×××× 元，我们店加了 100 元组装费就卖给您了，还要负

责运费和售后的开销，赚的真是辛苦钱，请您体谅下我们，不要再杀价了。

客户：　哎，好吧，你们也挺不容易的，那就来一台吧。

客服：　谢谢亲的理解！

5. 分解商品价格，让人更易接受

如果客户觉得商品贵，不妨换个角度来解释，让客户觉得比较便宜，可以接受，从而瓦解客户讲价的心理基础。

一个常用的方法就是将商品价格分摊到每月、每周或每天，自然就变得不是那么让人难以接受。例如，我们常见的手机广告里面就有这样的表述：每天 8 元，不足一包烟钱，您就可以拥有 ××× 手机。其实算下来每个月要付 240 元，也不是一笔小数目，然而换个说法就让人觉得也不是很贵。这就是所谓的"分解高价法"。

【实例 30】

客户：　你们这吹风机也太贵了啊，一个吹风机就要 1000 多元，能不能给我优惠一下？

客服：　客官，想必您肯定是对比了同类商品的价格，有没有发现咱家这款吹风机和市面上几十块的吹风机的不同呢？这款吹风机的风速与风向控制精确、噪声低，而且抓握轻松、按键使用方便，最重要的是不伤头发。一款不伤发质且使用方便的吹风机，售价才 1200 元，就算只使用两年，平均每月 50 元，差不多就是一两杯咖啡的钱，您每月少喝一两杯咖啡就能把这个钱省下来，还能让头发更加健康，何乐而不为呢？

客户：　我就是看到"不伤头发"才想入手的，那好吧，有没有什么适合送给女孩子的赠品？我买吹风机是打算送给我女朋友的。

客服：　真羡慕您女朋友，找到了您这么贴心的男朋友。赠品我们本来是没有的，但是被您的细心、贴心而感动，我去给您申请一把木梳作为赠品送给您们吧，祝您们白头偕老，和和美美。

客户：　行的，那就谢谢了。

6. 说明商品附加功能多或附加值高

客户认为商品价格过高，无非是觉得商品的价值配不上它的价格。如果能够说服客户相信商品的价值比较高，那么客户也就可以接受较高的价格了。

那么怎样才能说明商品的价值比较高呢？一般来说可以从下面两个角度入手：一是商品的附加功能多，二是商品的附加值高。

商品的附加功能多，说明商品的设计费了不少的工夫，用料和制作上面也比单一功能的商品要多一些成本。更重要的是，商品的附加功能可以给客户带来方便和实惠。抓住这三点，说服客户就不太难了。

商品的附加值高，通常体现在售后服务、潜在升值能力、文化属性等方面。例如，外形一模一样的两块玉佩，一块是现代生产的，另一块是清朝生产的，肯定清朝的玉佩要值钱的多，这就是商品文化属性的价值。当客户讲价时，客服可以向客户展示商品的附加价值，让客户感觉商品的总价值很高，对得起它的价格，从而放弃讲价。

【实例 31】

客户：你们这款主机能不能便宜点？感觉你们跟大品牌同款主机一个价了。

客服：亲，我们虽然是小品牌，但是我们处于一个积极的成长阶段，我们愿意提供比大品牌更好的商品和服务来换取客户的认可。最直观的就是我们的售后服务，不仅提供 3 年质保，质保期过后，提供终身免费上门成本维修服务。您看，我们的售后服务是不是比所谓的大品牌还要实惠得多？

客户：的确是。他们一般都是 1 年质保。

客服：是啊，我们提供这么好的售后服务，也是要花很多成本的，所以我们的利润并不高，您让我们降价，真的是降不下来了。

客户：理解了。既然你的售后服务这么长，那我就当多花点钱买个安心吧。

客服：您真明智！

此外，还可以从商品的质地、用料、做工等很多方面来体现其附加价值，这就要靠店铺文案或客服平时对商品进行研究了。

7. 使用"便宜无好货"理论

当客户质疑商品太贵，要求降价时，客服可以使用"便宜无好货"的理论来说服客户。尤其是当同类商品便宜很多时，本方法就格外实用。

【实例 32】

客户：我看其他店的精油才几十元一瓶，怎么你们店里的精油那么贵啊？能不能少点？

客服：亲，我们店的精油是从印度进口的，油性足，香味宜人，让人闻了心旷神怡。您说的那种几十元一瓶的精油，掺杂了大量的香精，有的根本是直接混合香精调配出来的，味道浓烈刺鼻，长期使用还对人体有不好的影响。您想想，老话说"一分钱一分货"不是没有道理的，进口天然精油和化学精油能卖一个价吗？我们店的精油是货真价实的，价格上已经很优惠，没法再少了。要再少，我们也只有掺假了，您愿意要吗？

"便宜无好货"理论比较适合用于"水很深"的商品类目，如玉石、文玩等，这些类目的商品里以假乱真、以次充好的情况非常普遍，导致同类商品的价差很大，是"便宜无好货"理论最适合的类目。

8. 象征性降价，满足客户的心理需求

有的客户特别难缠，并且意志非常坚定，无论客服使用什么方法，都不能打消他讲价的念头。这类客户往往是喜欢讲价的过程，只要成功了就感到很高兴，到底能讲下多少钱，反而不是他们最在意的。对于这种客户，客服可以在权限范围内象征性地降一点儿价，既满足客户的成就感，又不会让店铺的利润损失太大，达到两全其美的效果。

【实例 33】

（客户已经和客服讲了很久的价）

客户：你就给我少一点儿吧，少一点儿我马上就拍。

客服：哎，真拿您没办法，给您少 10 元吧，这已经是我能做到的极限了。

客户：1000 多元的东西，就给我少 10 元钱啊！

客服：亲，其他客户一分钱都没有少的，给您少 10 元已经破例了。要不是看您那么有

诚意想买，这 10 元都不会少的。

客户：好吧，10 元就 10 元，我这就去拍。

客服：嗯嗯。

3.5.2 消除客户顾虑

由于网购的特殊性，网购双方都见不了面，客户也见不到商品实物，因此客户就会有很多关于商品本身和店铺服务的疑问，只有解决了这些疑问，客户才能放心地购买。客服要针对客户的疑问，进行直接有力的回答，让客户信服。

1. 对商品质量存疑

当客户询问客服商品质量到底好不好的时候，客服当然不会说自己的商品质量不太好，但单纯地说明并不能让客户满意。客服最好先询问客户觉得商品不好的原因，然后有针对性地进行解答，这样才能够让客户心服口服、愿意购买。

在实践中，客户常常会对以下几个方面向客服询问商品质量的问题。

➢ 价格过低：因为价格低，会质疑商品是否为正品，或质疑商品质量是否有问题。

➢ 赠品增加成本：部分客户认为，赠品看起来太多而商品总价并不高，那么除开赠品的成本价，商品本身的价格就比较低了，这会不会影响商品质量。

➢ 商品评论不佳：有的客户下单前喜欢先到商品评论区看一下评论，结果看到了一些不好的评论，于是产生了"商品到底好不好"的疑问。

➢ 同行评价不佳：有的客户喜欢货比三家，在与多家店铺的客服交流以后，客户可能会听见一些对于某个店铺某款商品的不利言论，这就会让他产生疑惑。

➢ 三包期短：有的客户认为，商品的质量好，三包期就应该长；商品的质量差，三包期就会比较短，因此会对三包期过短（客户主观上认为短）的商品提出疑问。

在客服与客户的实际交流中，可能还会遇到很多奇奇怪怪的原因导致客户对商品质量产生疑问，客服只要摸清原因，对症下药，就能够打消客户的疑虑，促进客户购买。

2. 对商品属性存疑

商品经过数码相机拍摄以及后期处理，再通过不同的显示器展示出来时，自然就会与实物的颜色产生一些差别，这种差别叫作"色差"。简单来说，就是客户在自己的显示器或手机屏幕上看见的商品颜色，与真实商品的颜色有一定的误差。

对色差比较敏感的客户群体大多是女性客户，尤其是在购买服装、饰品和箱包时，可能一点点的色差都会引起她们的不满。所以这个群体的客户通常会在购买前询问客服，商品真实颜色是否与网页上的图片有误差。

【实例 34】

客户： 你们这款短靴的颜色我挺喜欢的，就是不知道图片与实物有没有色差啊？

客服： 亲，看您的购物账号等级蛮高的，也是购物达人了，您应该也知道网上购物色差是无法避免的，不同的灯光、不同的相机拍摄出来的照片都会有色彩上的区别。即使我们根据实物校对过照片颜色，但客户使用不同的显示器或手机观看时，还是有一定的色差存在。但是您可以在评论里浏览看看，这款短靴的用户对颜色的反馈还都是比较满意的，不存在特别大的色差。而且我们为这款短靴购买了运费险，如果您收货后确实认为色差大，可以做退换处理，运费会退赔给您的，请您放心购买。

3. 对包邮存疑

一般来说，商品包不包邮可以从商品的详情页中看到。不过，一些店铺可能会有特殊的包邮规定，如"满百包邮""满三件包邮""江浙沪包邮""青海西藏补邮费"等，需要客服向客户讲解清楚。

也有的店铺会把详细的邮费政策放在商品详情页的最下方，供客户了解，如图 3-30 所示。但有的客户未必会浏览到页面最后，所以免不了还是会询问客服。客服要熟悉自家店铺的包邮政策，才能流利地回答客户的问题。

图 3-30　详情页中关于包邮的备注信息

4. 对发货时间与到货时间存疑

客户在了解了商品本身的情况以及邮费的情况以后，就开始关心商品的发货时间和到货时间了。当然，也有的客户会在下单之后才向客服询问这方面的问题。

【实例 35 】

客户：我现在下单的话，请问什么时候可以给我发货啊？我急着用。

客服：亲，您现在下单的话，我们下午 4 点就会把货发出去。到您所在的贵阳市大约要两三天时间。没有意外的话，大约大后天上午您就可以收到货了。

以上是最常见的收发货时间的回复。对于一些特殊商品，如现制作的手工艺品、大件的家具等，可能会有不同的发货时间和收货时间，要特别向客户说清楚。

【实例 36 】

客户：我拍的艺术摆件怎么还没有给我发货啊？都一天多了。

客服：亲爱的客户，我们这款摆件是纯手工制作，接到订单才开始制作，一般会在七天内完工并发货。我会及时跟踪制作流程和发货详情，一旦完工发货就给您更新快递信息，还请您耐心等待。

客服应该在职权范围内尽量为客户解决快递方面的困扰，这样才能够让客户更加信任店铺，从而成为多次购买的回头客。

5. 对售后问题存疑

良好的售后服务可以让客户放心购买商品，而不用担心商品出现问题无法处理，遭受损失，所以售后服务也是客户最常询问的问题之一。通常客户询问得比较笼统，如"你们售后服务怎么样啊？"或者"你们家售后服务好不好？"但客服的回答就不能这样简单，客服应该以一段长短合适的文字对售后服务进行说明，消除客户的后顾之忧。

【实例 37 】

客服：售后服务方面请您放心，我们的售后服务绝对是有保障的，因为我们公司在售后服务上花了很多工夫，去年和今年连续两年获得了 ×× 市消费者信得过荣誉奖。售后服务已经成为我们公司的品牌价值之一。您尽管放心购买好了，我们公司的售后服务保证会让您满意。

【实例38】

客服： 请您放心，我们是 ×× 的网商品牌，对于客户的使用体验是非常注重的，因此不仅商品质量能够经得起考验，主售后服务上也能让客户满意。只要商品出现问题，或者您在使用上有什么不清楚的地方，可以随时联系我们的客服，我们迅速为您解决和解答，真正让您后顾无忧。

【实例39】

客服： 我们虽然不是大公司、大品牌，但是我们也明白售后服务做得好才能留住客户的道理，所以请您放心，如果您有任何商品质量和使用方面的问题，可以随时通过旺旺、电话或微信和我们的售后服务人员联系，我们会竭诚为您服务。我们的服务时间从早上 8 点到晚上 11 点，只要您联系，就会有人响应，请您放心购买我们家的商品。

　　当客户开始询问售后服务时，可以说已经下定决心要购买商品了，因此，客服要给出让客户满意的回答。

6. 给客户适当的建议

　　有需求才有市场，在客户对商品有顾虑时，客服应询问客户的具体需求，从而给出适当的建议。例如，客户想买一款保温杯，但在几款保温杯中纠结，客服可询问保温杯的具体用途，再做推荐。

【实例40】

客户： 这几款杯子我都挺喜欢的，但就是纠结选哪一款。

客服： 亲，您购买保温杯是自用还是送人呢？

客户： 买来送我舅妈，她近期想出门旅游，需要一个保温杯。

客服： 出门旅游一般买便于携带的比较好，A 款保温杯配有杯套，不仅便于携带，杯套还有防摔的功能，保温效果也是这几款中最好的，并且有红、黑两种颜色可供选择。红色比较适合送人呢！

客户： 嗯，那就买 A 款红色的。

7. 做好商品的退换货规定

退换货是客户比较关心的问题之一。当客户觉得正在购买的商品自己有可能不喜欢，或者对商品质量不太信任，就会希望到时候能够顺利地退换货。

提供了"七天无理由退换"服务的商品，在商品详情页中可以看到相应的提示，如图 3-31 所示，看见这个提示的客户一般不会再询问关于退换货的问题。

图 3-31　"七天无理由退换"服务

如果没有提供"七天无理由退换"服务，客户可能就会对退换货服务进行询问。此外，即使商品参加了"七天无理由退换"服务，有的客户还会询问七天之后退换货的相关规定，这种情况在一些短期内看不出质量好坏的商品上显得尤为突出。

【实例 41】

客户：我看这款杜果没有参加"七天无理由退换"服务，那万一我不喜欢怎么办？

客服：亲，杜果属于生鲜商品，如果没有任何质量问题的话，是不接受退货的哦，不能以"不喜欢""有色差"等理由来退货。不过，如果您坚持要退货，只要您这边负责退换货邮费就可以了。另外，还请您谅解，为不影响商品的二次销售，退回的枇果不能有任何损坏、擦痕、气味等影响二次销售的因素存在。

【实例 42】

客户: 虽然你们家的这款电饭煲有"七天无理由退换"服务，但是超过七天后想无理由退货还可以吗？因为电饭煲要用几次才知道使用效果，我担心煮出来的米饭我不喜欢，到时候又超出七天了，想退怎么办？

客服: 亲，七天之后，如果商品没有质量问题，是不能退货的，这一点请您谅解。如果您不能确定电饭煲的使用效果自己是否满意，您可以看看其他客户的评论，收到货后按正确的使用方法操作，就可以知道使用效果了。

客户: 那好，我先买一台来试试看吧！

> **ℹ 提示　告诉客户关于邮费的规定**
>
> 客服在向客户讲解退换货规定的同时，一定不要忘记告诉客户关于邮费的规定，以免后期产生不必要的纠纷。

3.5.3　寻找客户下单却不付款的原因

客户下单却不付款的原因主要包括支付宝余额不足、新手客户不会操作等客观原因，以及对商品质量存疑、价格不满等主观原因。通过询问客户，找到原因，再帮助客户解决问题，通常就可以促成客户付款了。

1. 客观原因

客观原因主要集中在支付宝余额不足、新手客户对购物流程不熟悉以及忘记支付密码等方面。针对这几个方面的原因，客服可以稍作引导，让客户顺利完成支付操作。

（1）支付宝余额不足。

客户如果遇到支付宝余额不足的情况，客服可以跟进提醒充值或指导使用花呗支付。同时，客服应根据这类客观原因，用详细的表单来做记录，如表 3-1 所示。

表 3-1　客户未付款原因跟进表

旺旺 ID	未付款原因	客户预计付款时间	是否跟进	备注
×× 自然卷	不熟悉付款流程	当日找人代付	是	电话指导找人代付流程
××× 一颗溜溜梅	支付宝余额不足	下午充值	否	无
快活鱼 ×××	未开通网银	当日	是	电话指导使用花呗支付

（2）新手客户。

部分新手客户不知道网购的具体流程，因此可能遇到下单后不知道如何付款的情况。针对这种情况，客服应该耐心指导，用截图的方式直观地解决客户付款的问题，如图 3-32 所示。

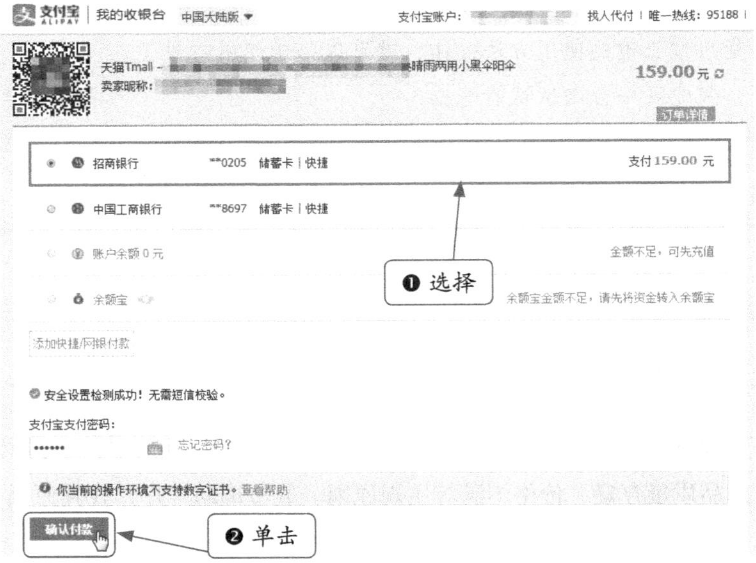

图 3-32　用截图的方式解决客户付款问题

（3）忘记支付密码。

部分新手客户或年龄稍大一点儿的客户，可能会在支付时遇到忘记支付密码的问题。客服可主动、耐心地告知客户找回密码的方法，并跟踪催付。

2. 主观原因

客户不付款的主观原因主要来源于客户对商品的价格、质量等方面存疑，解决方法就是针对具体的原因采用相应的解决方案。

（1）对商品存在疑虑。

客户对商品存在疑虑是最常见的不付款的原因。遇到这种情况，客服应尽可能地询问客户存在哪些方面的疑虑，并逐一帮助解决，让客户信任商品和服务，从而付款。例如，客服了解到客户对商品的质量存疑时，可吉知客户商品的材质以及能提供的服务。

【实例 43】

客服：　亲，这款包包采用优质 PU 面料，易清洗、易打理；采用品牌拉链，不易坏，拉头非常有质感；包包整体清新大方。质量方面您完全可以放心，并且我们支持七天无理由退换货，同时给您赠送运费险服务，不喜欢包邮退货哦！

（2）议价不成功。

部分客户在与客服议价时，因未获得一个理想的结果而迟迟不付款。针对这种情况，客服应了解客户心理的预期值，强调性价比，找到情感共鸣，以赠优惠券或赠品的方式满足客户心理需求，这些技巧已经在 3.3 节中讲解过，一个典型的赠送促单的对话如下。

【实例 44】

客服：　您好，您在 ×× 店拍下的 ×× 宝贝还没有付款，因为您是第一次在本店购买商品，我跟店长申请了赠品，这个是 VIP 的老客户才有的呢！

客户：　行的，不同意讲价，能送个礼物也是可以的。谢谢了。

（3）原因不明型客户。

针对信任商品并且也没有议价记录，但迟迟不付款的客户，客服应直截了当询问不付款的原因，强调发货时间。

【实例 45】

客服：　亲亲，留意到您有一笔订单未付款，想问问是什么原因呢？如果对商品还存有疑问，可联系我，我帮您解决。如果没有问题了，请尽快付款，我们马上就可以帮您安排发出，您很快就可以收到亲手选的宝贝啦！

客户：哦，谢谢提醒，我上午忙着处理其他事，忘记付款了。现在付了，尽快给发货吧。

在催促付款时，可使用电话催促或短信催促。短信催促的要点如下。

➤ 方法：通过客户关系管理（Customer Relationship Management，CRM）软件发短信给客户。

➤ 话术要点：前 7 个字中包括店铺的名字，之后简明扼要地提示购买商品种类与尚未付款的情况。

➤ 适合时间：上班族可在午休或下班前，学生及其他群体可在晚上 10 点前。

➤ 注意事项：发送频率不要过高。

【实例 46】

【×××天猫旗舰店】亲爱的，你已把小店的金典 58 款红茶买下来了，快来付款把它带走吧！

【××京东店】温馨提醒，您的订单尚未付款，为确保您的宝贝早日启程、顺利抵达，请记得尽早付款。祝您生活愉快！

一般大单客户可适当采用电话催促的方式，但通话时要注意提高声音、情感等各方面的感染力；面带微笑，用语言表达服务热情；发掘和有效利用自己的语言特点，声音要好听、易接受，并且注意通话时间，一般下午 14:00—17:00 为佳。

ℹ 提示　客服打电话时微笑有用吗

有的客服认为，反正打电话时客户看不见自己，微笑也没有用。其实，人在微笑时心情和话语都会有微妙的柔和感，这种感觉会透过声音表达出来，被客户感受到。因此，一些专业的接线员培训手册中都要求接线员接打电话时要面带微笑，就是这个道理。

3.5.4　客户要求改订单信息时的注意事项

有时候客户下单后才发现信息填写错误，如地址、尺码和颜色等，于是联系客服要求更改。此时客服除了取消错误订单并让客户重新购买之外，还要注意以下两个方面。

➤ 询问库房是否已经打单。收到客户的请求后，应立即询问库房是否打单。如果未打单，则通知库房取消订单，然后为客户办理退款手续；如果库房已打单，则应等待其发出。这是因为大型店铺中打了单再取消的流程是很麻烦的，一般直接让快递发出，再由客户拒收退回来。当然，如果是小微型店铺，在流程不严格的情况下，即使打单之后也可以取消订单。

➤ 及时通知客户处理情况。无论是取消订单并退款给客户，还是让客户拒收错误订单的快递，都应在办理完毕后立即通知客户，以免造成误会。在通知客户拒收时，请客户选择退款原因为"与卖家协商一致"，而不要选其他原因。

3.6　实践与练习

1. 查看下列的模拟对话，找出客服话术中有误的地方，并进行修改。

客户： 在吗？

客服： 在的，亲。很高兴为您服务。

客户： 我身高 163cm，体重 70kg，穿什么尺码？（商品链接）

客服： 详情页里已经说得很清楚了，麻烦您自己去看看。

客户： 我就是不确定嘛，因为腰上肉比较多，不知道按码买的衣服合身不。

客服： （详情页尺码推荐表截图）您对比您的身高、体重看看，肯定有适合您的尺码。

客户： 问了和没问一样，我这不是不确定嘛，又不知道你们尺码是偏大还是偏小。算了，我不看了。

客服： 好的。有其他问题的话，可以及时联系我。祝您生活愉快！

请指出客服话术中有误之处：_____

如何改正：_____

2. 两个同学一组，分别演练商品介绍与联单销售的对话，如限时促销、限量促销、赠送礼品等。

第4章

售后客服

在电商平台中，售后客服的工作相对比较烦琐，但又非常重要，因为客户对商品属性的问题、对用法的疑问等，都要靠售后客服来解决和解答。由此可见，售后客服工作关系着客户对店铺的满意度，关系着客户是会回购还是流失。为了做好售后工作，售后客服应了解售后工作的相关理念以及工作内容，并掌握各种具体工作的处理技能。

4.1 了解售后服务的岗位职责要求

电子商务售后客服的工作主要集中在处理已下单客户的问题，如退货、退款、补差额、跟踪物流、处理投诉、评价等事宜，故对电子商务售后客服的要求也较为严格，要求客服必须履行该岗位的职责。

在 1.4.1 小节中，已经介绍了售后客服的工作内容，这里再来详细介绍售后客服的岗位职责。售后客服的岗位职责是以服务为宗旨，处理好每一件售后事宜并维护好店铺与客户的利益。售后客服岗位职责的具体要求如下。

➤ 解答商品的相关问题，如解答商品的安装和使用等问题。

➤ 负责处理店铺的中差评，安抚客户情绪。

➤ 查单查件，及时解决客户的快递问题。

➤ 退货退款，了解退货退款需求，尽量挽回订单，避免损失；尽量让客户选择对店铺影响最小的退款理由。

➤ 处理投诉，安抚客户情绪，做好各方面的沟通，给出解决方案。以和平解决为原则，当平台介入纠纷时，客服要配合平台提供相应的证据。

➤ 整理客户信息，如客户账号、下单金额、下单次数等，为维护客户关系、推销商品做好准备。

　　岗位职责应在客服上岗培训时进行学习并考试，如有轮岗顶岗制度，则所有轮岗顶岗人员都应在上岗前进行快速的岗位职责培训。在日常工作中，也应定时进行考核，敦促客服不忘职责。

4.2　正确应对投诉

　　客户有时会放弃与客服协商，而直接向电商平台投诉店铺的商品或服务问题，并请求电商平台进行仲裁解决。

　　客户投诉店铺的原因有很多，可能是因为客服不认真解决问题，也可能是客户过于无理取闹。但不论什么原因，投诉都会对店铺造成严重的影响。投诉给店铺造成的损失比中差评更大，因为一旦店铺被平台认定为过错方，就会受到严厉的惩罚，如公示警告、禁止上架新品若干天，甚至永久冻结店铺等。因此，店铺一般都特别重视客户的投诉，均会要求客服掌握处理投诉的正确方法，力争让客户取消投诉，或让平台判定店铺无过错。

4.2.1　弄清客户投诉原因

　　只要客户的投诉成立，商家就必须对平台进行解释。例如，淘宝平台规定，商家在收到投诉后，必须在规定天数内进行处理，不然就自动判定商家为过错方，根据规则进行处理。在淘宝平台中，商家收到"延迟发货"的投诉后，应该在 5 天内申诉，向平台提供证据，否则将会受到"公示警告 90 天"的处理，并限制发布商品权限 7 天。如果申诉失败，也会受到"公示警告 90 天"的处理，并限制发布商品权限 0 ～ 7 天。

　　因此，对投诉的最好处理方法还是及时联系客户，与客户协商，争取让客户撤销投诉。尽早联系客户，不仅可以争取更多的处理时间，而且还有一定心理学上的原因。试想客户刚刚投诉就接到客服的电话，客户必然会有一种受到重视的感觉，心情可能会稍微愉快一点儿，也会变得比较通情达理。

　　例如，一个经营纸巾的店铺，在商品详情页中标注"因新疆、西藏两地运输速度慢且难度大，故邮费自理，并且商品无质量问题不退不换"。一位在新疆的客户收到货后，以卫生纸薄、质量差为由，申请退货退款处理。接待客服则认为，详情页中写得很清楚，商品无质量问题不退不换，故拒绝客户的退货退款申请。客服主管随之收到平台的投诉记录，因此主动联系客户。

【实例1】

客服： 亲，您好！我是 ×× 店的客服主管，抱歉打扰到您。我在检查客服工作时发现，之前接待您的客服 ×× 态度不端正，惹您生气了。我已经对她进行了相应的处罚，这里主要还是想和您道个歉。

客户： 呵呵。有什么好道歉的？你们卫生纸又薄，质量又差，还不给退货。我直接投诉你们了，看你们退不退。

客服： 我们这款卫生纸是原浆纸，从选料、加工制造到包装出厂都有严格的质检把关。我完全赞同您说这款卫生纸偏薄，因为原浆纸在制作时未大量使用添加剂，粉尘度小，所以比较薄。但也正因为单层比较薄，所以这款纸有别于普通卫生纸的 2 层 / 抽，采用 4 层 / 抽。而且您看它的颜色保持竹浆本色，吸水性很好，很多客户使用后反馈说给人柔软舒适的感觉。您在使用时，是觉得哪里不妥呢？

客户： 我就是觉得它单层薄，就不想要。

客服： 每抽都是 4 层，这不影响使用的。还有个问题，之前客服可能没解释清楚。这款纸的单价不贵，但由于是运送到新疆，运输速度慢且难度大，所以我们没有提供包邮服务，邮费是您自己支付的，这样到手价就有点贵了。如果您现在坚持退货，我这边也可以帮您通过。但您购买时支付过一笔邮费，现在退货还需再支付一笔邮费，两笔邮费的钱都可以再买 3 提正价抽纸了，不划算呢！

客户： 哦，这样啊！那算了，我不退了。

客服： 是的呢，如果换作是我，我也不会退呢，毕竟邮费太贵了。话说回来，还是想替之前的客服向您真诚地道歉，我代表店铺送您一张 10 元无门槛代金券吧。如果您不喜欢这种本色原浆纸，可以考虑店内的另一款 3 层 / 抽的抽纸。

客户： 行吧。

客服： 那麻烦您撤销退货退款的申请和投诉吧。谢谢！

客服在联系上客户之后，首先要详细询问客户投诉的原因才好对症下药。客户不满的原因主要集中在商品质量与客服态度这两方面，一般来说分为以下几种情况。

（1）商家违背承诺。

违背承诺是指商家未按照承诺向客户提供相应的服务。在淘宝平台中，违背承诺分为以下几种情况。

➢ 淘宝平台判定商家确实应承担因消费者保障服务产生的退货退款等售后保障责任，但商家拒不承担。

➢ 淘宝平台判定商家确实应承担七天无理由退换货、假一赔三、数码维修、闪电发货赔付等售后保障责任，但商家拒不承担。

➢ 商家参与试用中心的活动，但却在客户报名完成后拒绝向客户发送已承诺提供的试用商品。

➢ 加入闪电发货的商家，如果出售虚拟商品但未在 1 小时内完成发货，或出售实物商品但未在 24 小时内发货。

➢ 天猫商家拒绝提供或者拒绝按照承诺的方式提供发票。

➢ 客户选择支付宝担保交易，但商家拒绝使用；或者天猫商家与客户在淘宝商城外进行交易。

➢ 加入货到付款或信用卡付款服务的商家，拒绝提供这两种服务。

➢ 发布拍卖商品的商家，拒绝按照客户拍下的价格成交，或者拒绝提供包邮服务。

➢ 加入聚划算的商家中途退出，或未在七天内按已审核的报名信息所载内容完成发货。

➢ 加入淘宝游戏交易平台的商家未在客户付款后 30 分钟内提供商品。

➢ 加入淘宝官方活动的商家不按照活动要求提供服务。

客服要牢记自己店铺所做的各种承诺，不要因为记忆失误而被客户投诉。

（2）商品与描述不符。

描述不符是指客户收到的商品与达成交易时商家对商品的描述（一般是指商品详情页中的描述）不符合。以淘宝平台的规定为例，商品与描述不符，分为以下几种情况。

➢ 客户收到的商品严重不符合商家对商品的材质、成分等信息的描述，导致客户无法正常使用商品。

➢ 客户收到的商品不符合商家对商品的描述，或商家未对商品瑕疵等信息进行披露，并且影响客户正常使用商品。

➢ 客户收到的商品不符合商家对商品的描述，或商家未对商品瑕疵等信息进行披露，但未对客户正常使用商品造成实质性影响。

可以看出，商品与描述不符造成的后果有 3 种：商品无法使用，商品可以勉强使用，商品可以正常使用。客服要根据不同的后果采取不同的应对策略，如客户拿到的商品基本没有什么使用上的问题，则可以采取象征性赔偿的方式来取得客户的谅解，这样能够减少店铺的损失。

（3）延迟发货。

延迟发货是指除定制、预售及适用特定运送方式的商品外，商家在客户付款后明确表示缺货或实际未在 72 小时内发货的行为。当然，买卖双方另有约定的除外，不受 72 小时限制的约束。

（4）恶意骚扰。

恶意骚扰是指商家在交易中或交易后采取恶劣手段骚扰客户的行为，如频繁拨打客户电话、大量发送短信、恐吓或辱骂客户等。

有的客服可能因为之前与客户沟通时比较心急，主动拨打了较多次的电话，或者发送了较多的信息，对客户的生活造成了一定的困扰，所以导致客户投诉"恶意骚扰"。也有的客服是真的对客户做了比较恶劣的骚扰行为，这就需要店主或客服主管来调查处理。

4.2.2　劝说客户撤销投诉

当客服发现店铺被投诉时，联系客户后，不要着急解释，更不要和客户抢话头，而要先倾听客户讲述事情的来龙去脉，倾听客户的抱怨，让客户发泄怒火，并从客户的抱怨中找到客户不满的原因，再向客户解释和道歉。其实，客户是因为有了怨气而没有发泄的渠道才会向电商平台投诉。所以客户抱怨其实是一件好事，说明客户还有沟通的意愿，事情还有商量的余地，客服应抓住这个机会劝说客户撤销投诉，其常用方法如下。

1．多听少说，做好记录

任何人在抱怨的时候，都希望有听众听自己倾诉，把不满情绪宣泄得一干二净，网购的客户也是如此。一般来说，客户愤怒到一定程度才会去投诉，因此客服与客户沟通之前，就要做好心理准备，听客户长时间抱怨，直到客户心情平静下来。在客户抱怨时，客服要多听少说，耐心倾听，只问最关键的一些问题，给客户留下充分的抱怨时间。

客户在抱怨的初期可能情绪激动，语无伦次，甚至有些口误，客服要善于提炼出中心思想并记录下来，这在后面的协商中可能用到。

2. 用舒缓的语气带慢节奏

客服要能够控制交谈的节奏，不要让客户打字或说话的节奏越来越快，因为这表示客户可能越说越愤怒，客服应以舒缓的语气与客户沟通，让客户感受到平和的气氛，让客户逐渐地冷静下来。

有的客服与客户交流时，开始还能够正常谈话，后来受不了客户的一些让人难堪的话语，语气就相应地变得恶劣起来，甚至忍不住与客户对骂。因此，客服平时就要训练管理自己情绪的能力，不然就容易陷入冲动的情绪中，更谈不上控制谈话节奏了。

> **ⓘ 提示　控制自己的情绪的技巧**
>
> 如果客服靠忍来控制情绪，这种方法是最低级的，也是对自己有害的。更好的方法是训练自己站在第三者的角度上观察与客户的交流，也就是在谈话的过程中，心灵始终要旁观，要做到能够清楚地观察到客户情绪的生起、发展、变化和消逝的全过程。经过这样一段时间的训练以后，人就不容易被情绪所左右，也不会因为强忍情绪而产生心理健康问题。

3. 多认同，多道歉

不管是不是商品本身或店铺服务的问题，当客户抱怨时，客服都不要着急争辩，而是要适当地对客户的意见表示肯定，并感谢对方能够提出意见和建议。从心理学上来讲，客户感到自己的意见受到了重视，自我价值得到了他人的肯定，其心情就会变得比较愉悦，接下来也比较好沟通了。否则客户说一句客服辩解一句，即使客服态度上没有问题，客户心里肯定也是很不愉快的。

如果在交流中，客服发现的确是商品本身或店铺服务有问题，那么就应该多向客户道歉，有些辩解的话可以放在道歉的话的后面说，这样就不会过于刺激客户。

【实例 2】

客户： 为什么你们承诺赠送的厨具套餐没有跟着商品一块发？我联系你们客服也是爱理

不理的？

客服：对不起，亲，是这样的，前几天订单多得要堆起来了，偏偏有两名客服得了流感，在家休养，人手一下变得非常紧张，所以忙中出错了，请您谅解！我马上给您补发赠品，请再耐心等待几天。

4. 向客户解释原因

在客户怒火平息以后，客服就应该向客户解释出现问题的原因。只有将原因讲清楚，才能进入到下一步解决问题的环节。

客服要注意，不要在解释时又让客户生气，否则又会倒退回安抚客户的环节中去了。客服要注意以下几个方面：

➢ 不和客户争辩；

➢ 注意语气、语调和语速，不要让客户感觉到客服有不耐烦、发怒、漠视等消极情绪；

➢ 多换位思考，从客户的角度进行解释；

➢ 尽量一人负责到底，不要推诿，把客户像皮球一样踢来踢去。

5. 友好协商，提供补偿

如果问题确定出在店铺方，店铺方就应对客户的损失做出赔偿。赔偿前，客服要摸清客户的赔偿要求，酌情处理。客服首先应按照投诉类别和情况，提出相应的解决问题的具体措施，再向客户说明解决问题所需要的时间及其原因，之后及时将处理方案传递给相关人员（如发货员）处理。

> **ℹ 提示　处理复杂问题**
>
> 一些问题可能比较复杂，如果客服不能当场处理，应当诚实地告诉客户，处理这个问题需要一些时间，并与客户约定再次交流的时间。客服一定要在约定的时间内联系客户，如果到时间问题仍然没有解决，则必须向客户说明当前的进度以及困难所在，取得客户的谅解，并再次约定交流时间。

为了安抚客户，让客户感受到店铺的诚意，客服在协商好的补偿之外，可根据情况再给客户一些补偿，形式可以多样化，如返还现金、店铺优惠券或购物打折特权等。

更换商品、退货退款或当事客服向自己道歉等处理结果，其实都在客户的预期内。如果店铺方多给客户意外的补偿，客户就会感受到店铺的诚意，不仅会撤销投诉，还有可能会成为店铺的忠实客户。

4.2.3　收集证据应对平台调查

如果劝说无果，客户还是要执意投诉店铺，负责处理的客服也不要惊慌。在平台介入调查前，客服要准备好证据，包括聊天记录、电话录音、快递单据等。将这些证据提交给平台，等候平台裁定。

只要证据充分，平台裁定结果一般都是好的。但如果证据不足，有很大可能店铺会被判定赔款或扣分，即使双方证据都不充分，店铺为过错方的可能性也会较大，因此客服平时要注重保留证据。

在与客户进行售前交谈时，客服也要注意所说的话不要带有歧义，不然最后会成为对自己不利的证据。例如，某微店开展试用活动，在某款商品详情页内标注："如果您试用不满意，可以在 10 月 15 日以前退货，我们将负担退货邮费并全额退回货款；如果您 10 月 15 日以前不退货，则视为您已经购买了本商品。"某位客户在下单前询问客服：

【实例 3】

客户： 意思是这款商品只要试用不满意，都可在 10 月 15 日前退货吗？

客服： 亲，您好。这款商品由国内知名设计师用顶级原材料制作而成，店铺也是为了回馈广大用户才做的这次活动，所以工艺、质量方面您均可以放心。当然，如果您确实对商品有不满意的地方，可以在 10 月 15 日前做退货处理。

客户： 好的，行。

结果这位客户在 10 月 15 日当天要求退货，客服认为 10 月 15 日已经过了退货期限，因为"10 月 15 日以前"不包括 15 日当天，而客户则认为应当包括 15 日当天，双方发生了争执。由于商品价值较高，客服坚持不同意退货，最后双方闹到了平台介入的地步。平台则考虑到，商品活动页和聊天记录中都未出现"不包括 15 日当天"等字眼，故判店铺为过错方。

因此，客服平时在与客户交流的过程中，应避免使用有歧义的文字，以免引起无谓的冲突。在收到投诉后，客服应及时收集证据，正面面对调查。

4.3　发货与物流问题的处理

在电商平台中购买的实物商品，一般都要通过邮寄的方式送达客户手中，因此快递是最重要的商品交流渠道。作为电商客服，应详细了解各种邮寄方式，之后才能根据自身需要选择合适的快递公司。

4.3.1　了解商品的包装方法与特点

客户在下单后，发货人员就要把商品包装好，准备通过物流发送出去，最后安然无恙地送达到客户手里。商品包装看似简单，其实里面的学问还是很大的，客服都要一一去了解，因为即使商品包装由库房人员经手，客服不亲自经手，但对包装的细节做到了如指掌，才不会在客户询问到包装问题时无法回答。

1. 包装商品的一般性原则

店铺是否能得到客户的认同，包装细节是一个重要而又容易让人忽视的地方。当同类店铺的同类商品出现严重同质化时，包装是否具有鲜明的特色就是赢得客户认同的关键了。在包装商品时要注意两点：完整性和美观性。

➤ 完整性。完整性就是商品经过良好的包装，在长途跋涉后，最后送至客户手中时，包装仍然保持完整、不变形（软包装可不考虑变形问题），没有任何开口或裂缝，商品没有任何损坏，数量上也没有任何缺失。

➤ 美观性。包装的美观性主要体现在内包装上。当客户打开外包装时，发现自己的商品居然是随便用塑料袋或报纸等材料包起来的，可能会有很不好的感受，觉得商家不用心包装，从而造成负面的评价。反过来，内包装精巧的商品必然能博得客户的喜爱，客户可感受到商家在经营上的用心。

2. 常用的包装方法

一般商品根据包装方法的不同来选择不同的包装材料，常见的包装材料主要有纸箱、编织袋、气泡膜（袋）、牛皮纸以及内部的填充物等，其特点及适用范围如表4-1所示。

表4-1　常用的包装材料的特点及适用范围

包装材料	特点	适用范围
纸箱	优点是安全性强，可以有效地保护商品，而且可以适当添加填充物，以便对运输过程中的外部冲击产生缓冲作用；缺点是增加了货物的重量，运费也会相应增加	适用范围较广，大部分商品都可以用纸箱包装
编织袋	优点是成本低、重量轻，可以节省一点儿运费；缺点是对商品的保护性比较差，只能用来包装质地柔软、耐压、耐摔的商品	适用于各种不怕挤压与冲击的商品
气泡膜（袋）	不但价格较低、重量较轻，而且可以比较好地防止挤压，对商品的保护性相对较强	适用于包装一些本身具有硬盒包装的商品，如数码商品等
牛皮纸	可以有效防止商品在运输过程中的磨损	多用于包装书籍等本身不容易被挤压或摔坏的商品

❓ 小技巧

气泡膜（俗称泡泡纸）也可以配合纸箱进行双重包装，加大商品的运输安全系数。

ℹ 提示　考虑多种包装问题

对于使用纸箱包装的商品，一般内部会添加填充物，以缓解运输过程中的挤压或冲击。填充物可以因地制宜地选择，常用的填充物主要有泡沫、废报纸等。另外，对于一些商品，在包装时需要考虑防水与防潮的因素，如服饰、数码商品、未真空包装的食品等，这类商品在包装后，可以使用胶带对包装口进行密封。

3. 不同商品的包装方式

通常，客户在拿到商品时最先看到的是包装，所以要给客户留下一个非常好的印象，减少客户挑毛病的机会，那么首先就要包装好商品。美观、细致的包装不但能够保护商品安全到达，而且能够赢得客户的信任，博得客户的好感。下面介绍一下常见商品的包装方法。

➤ 礼品、饰品类商品。这类商品一般用包装盒、包装袋或纸箱来包装。可以去当地的包装盒、包装袋批发市场看一看，也可以在网上批发购买。使用纸箱包装时一定要有填充物，这样才能把商品固定在纸箱里。包装内还可以附上一些祝福形式的小卡片，有时还可以写一些关于此商品的说明和"传说"，让一个小小的商品显得更有故事和内涵。

>　衣服、床上用品等纺织类商品。如果是衣服，就可以用布袋或无纺布袋包装。淘宝上有专卖布袋的店铺，大小不一，价格也不一。如果家里有废弃的布料，也可以自己制作布袋。在包装的时候，一定要在布袋里再包一层塑料袋，因为布袋容易进水和损坏，从而弄脏商品。还可以使用快递专用的加厚塑料袋，这也可以在网上购买，价格不高，一般一个 3 ~ 7 角不等，特点是防水性好，用来邮寄纺织品是个不错的选择，既经济实惠，又方便安全。

>　电子类商品。这类商品一般价值较高，如果汁机、吸尘器等，因此包装很讲究。在货物比较轻的情况下，可以用纸箱包装，但纸箱的质量一定要好。包装时一定要用充气泡袋包裹结实，再在外面多套几层纸箱或包装盒，多放填充物。另外，请客户收到商品后，务必当面检查确定货物完好再签收，因为电子商品的价格一般来说都比较高，如果出现差错，对买家、卖家和物流公司来说都是比较麻烦的事。

>　易碎品类商品。这类商品的包装一直是个难点。易碎品包括瓷器、玻璃饰品、CD、茶具、字画、工艺笔等。易碎品外包装应具有一定的抗压强度和抗戳穿强度，以保护易碎品在正常的运输条件下完好无损。对于这类商品，包装时要多用些报纸、泡沫塑料、海绵或气泡膜，这些填充物重量轻，而且可以缓冲撞击。另外，一般易碎怕压的商品四周都应用泡沫类填充物充分地填充。如果有易碎物品标签最好贴上，并在箱子四周写上"易碎物品勿压、勿摔"等字样，提醒相关工作人员在装卸货物的过程中轻拿、轻放，避免商品损坏。

>　书刊类商品。这类商品可以用铜版纸和牛皮纸进行双层包装。例如，先用塑料袋套好，以免理货或者包装的时候弄脏书籍，同时也能起到防潮的作用；接着用较厚的铜版纸（如楼盘广告纸）做第二层包装，以避免书籍在运输的过程中被损坏；外层用牛皮纸进行包装时，则要用胶带进行捆扎。如果用印刷品方式邮寄，用胶带封好包装的边与角后，要在包装上留出贴邮票、盖章的空间；如果用包裹方式邮寄，则要用胶带全部封好，不留一丝缝隙。

>　数码类商品。这类商品更加"娇贵"，需要多层"严密保护"。包装时一定要用气泡膜包裹结实，再在外面多套几层纸箱或包装盒，多放填充物。同电子类商品一样，需提醒客户在收到商品后，一定要当面检查确定商品完好再签收。

➤ 化妆品、香水等液体类商品。化妆品、香水大部分是霜状、乳状、水状，多为玻璃瓶包装，因为玻璃的稳定性比塑料好，使化妆品、香水不易变质。但这类货物的检查也最为严格，所以除了包装结实、确保不易破碎外，防止渗漏也是很重要的。最好先用一些海绵等材料把瓶口处包严，再用胶带扎紧，然后用气泡膜将瓶子的全身包起来，防止洒漏。最后套一层塑料袋，即使漏出来也会被海绵等材料吸收并有塑料袋作最后的保障，不会漏出而污染到别人的包裹。

按上述的方法，针对不同的商品，采用不同的包装方法，这样既能保证商品在包装、运输途中的安全，也能尽量减少在商品包装上的成本支出。

4.3.2 熟悉国内外常用的发货渠道

电商客服应熟悉国内外常用的发货渠道，这样在与客户交流时，才能回答客户关于收发快递的问题。有些兼任发货工作的客服，也能根据实际需求选择合适的快递公司。

1. 国内常用的发货渠道

国内物流渠道大体分为邮政运输、快递公司、物流托运3种，各渠道的特点如表4-2所示。

表 4-2   国内常用的发货渠道

发货渠道	分类	特点
邮政运输	平邮	平邮是比较常见的一种邮寄方式。平邮的速度很慢，但价格非常便宜，所以一般邮寄不急需的商品，或超低利润的商品时都会选择平邮
	快递包裹	快递包裹是中国邮政为适应社会经济发展，满足用户需求开办的一项业务，它以快于普通包裹的速度、低于特快专递包裹的资费，为物品运输提供了一种全新的选择
	EMS	EMS 是邮政特快专递服务（Express Mail Service）的英文缩写，是中国邮政的一个服务产品，主要采取空运方式加快投递速度，有配送时间快、可以上网查询、送货上门、安全有保障等优点；缺点在于收费贵，部分地区的邮局人员派送物件前不先打电话联系收件人，导致收件人不在指定地点而耽误收件时间

续表

发货渠道	分类	特点
快递公司		市场上主要的快递公司有顺丰速运、中通快递、圆通速递、申通快递、韵达快递等。其中，顺丰速运是快递行业中的龙头企业，其服务项目多，服务质量上乘，投递速度快，送达区域广，不过价格也贵不少。其他的几家快递公司，总体来说区别不大，在价格、速度、服务和送达区域上没有本质的区别
物流托运	汽车托运	运费可以到付，也可以现付。一般的汽车托运不需要保价。当然，有条件的话最好保价，一般是4‰的保价费。收货人的电话号码最好填写两个：一个是手机号码，另一个是固定电话号码，确保能及时接到物流电话通知
	铁路托运	铁路托运的价格一般比较便宜，并且只要通火车的地方都可以送达，但投递速度相对快递公司来说要慢一些。托运费用可在火车站托运部门的价格表上查阅。货物包装好之后，一般不会再打开检查，但需提醒客户，不允许寄送液体之类的物品，否则会被拒送。运费需要现付，这对于商家来说不太方便，因为无法事先和客户确定运费的金额
	物流公司	物流公司一般只转运到一个城市中的几个固定地点，客户需要上门自提。如果要求送货上门，则还要收取不菲的上门费。物流速度很慢，中转次数很多，因此货物必须包装得很牢固，常用的包装方式是木箱包装，适合大件商品或大批商品的邮寄

对于一个有线上业务的商家而言，该如何选择适合自己的送货方式呢？一般来说可从以下几个方面进行考虑。

➢ 包裹大小。对于普通商家而言，包裹一般都不太大，也不太重，因此快递公司运送是最好的选择，价格适中，速度也快；对于大型货物，如钢琴、摩托车等，则要考虑使用物流公司运送，运费较便宜；对于较重但体积不是很大的包裹，则应考虑汽车托运或铁路托运。

➢ 送达时限。对于某些对送达时间有严格要求的货物，如海鲜等，则应使用顺丰速运等快递公司的"当天件"服务，在24小时内送达，但收费相对略高。

➢ 送达地区。快递公司并非覆盖全国，有的偏远地区快递公司就到达不了。商家在检查收货目的地时，如果看到不熟悉的地名，或者经济不发达的地区时，有必要事先查询快递公司是否到达该地。如果不能到达，则应选择EMS或平邮方式。

2. 国际常用的发货渠道

做跨境电商的商家，客户来自国外，因此需要发送国际快递。现在发国际快递的方式主要有 DHL、UPS、FedEx、TNT、EMS、国际专线、代理公司等几种，各有其优缺点，如有的价格低，有的适合某个地区，有的清关速度快等。

➢ 四大国际快递——DHL、UPS、FedEx 和 TNT。选择四大国际快递运送的一般都是些货品价值高，要求也高的货物。适合北美地区、时效好的是 UPS 和 FedEx，适合欧洲地区的是 DHL；TNT 的强势地区是西欧国家。这些快递公司在当地都是用自己的公司来派送，安全并且时间可以保证。

➢ EMS 国际快递。EMS 国际快递是中国邮政推出的全球特快专递服务。其优点是折扣低、物美价廉，任何体积的货物都按照重量计算，这对于出售体积大、重量轻的店铺来说是个很不错的选择。EMS 国际快递与四大国际快递相比，有一定的价格优势，且清关能力强，对货物的出口限制较少。例如，食品、保健品、化妆品、服装、鞋子以及各种特殊商品等都可运送。

➢ 其他专线快递——中美速递、中澳国际快递、中东快递。除了以上的知名快递公司，也有不少快递公司结合当地的物流供应商推出专线，如中美速递、中澳国际快递、中东快递等。以深圳前海三态现代物流有限公司的中美专线为例，它就是先把邮件快递到美国，然后利用当地的邮政局来派送。这些专线的最大优势是，有些地区会比那些国际快递便宜，但在时效性及安全方面就差些了。

> **ℹ 提示　其他国际发货渠道**
>
> 在海外代购或 B2C 网站购物的过程中，转运公司负责收货、跨国运输和国内发货，其服务质量占据重要的地位。常用的转运公司包括同舟快递、天翼快递、百通物流、GELS、贝海国际速递等。

4.3.3 快递公司的选择与交涉

选择好的快递公司才能保证自己日常的经营活动更顺畅，因为如果只根据费用高低来选择物流公司的话，那么商品在运输途中出现问题的可能性就会更大，最终造成客户不满意而流失，因此，选择一两家好的快递公司非常重要。

在选择快递公司时，需要从以下 4 个方面进行考虑。

➢ 送货速度。客户在下单付款后一般都想要尽可能快地收到自己购买的商品，因此商家在选择快递公司时，应该多选择几家快递公司，并对其送货速度进行比较，从中选择送货速度较快的那一家。

➢ 快递价格。在选择快递公司时，快递价格也是商家需要考虑的因素之一。商家可以先大致了解一下每家快递公司的收费情况，锁定几家比较合心意的快递公司，向其咨询具体的价格，最后通过比较选择适合自己的快递公司。需要注意的是，在选择快递公司时，并不是快递的邮寄价格越低越好，因为价格较低的快递公司在送货速度、服务质量等方面往往不尽如人意。

➢ 快递服务。选择一个服务态度好的快递公司，有利于提高客户的忠诚度。因此，在送货速度和快递价格都相当的情况下，商家就应当考虑哪家快递公司的服务更好。在选择时，商家一定要注意确认快递公司是否提供送货上门服务。

➢ 快递员。一些经验较少、工作态度较差的快递员在收发快递的时候，常常出现快递损坏或遗失的现象，这也会给商家和客户带来很多不必要的麻烦。因此，在选择快递公司时，商家还应当考虑快递公司中快递员工作的熟练程度与工作态度。

➢ 商家除了选择一家靠谱的快递公司作为长期合作的对象之外，还可以多选两家作为备用的快递公司，以防止长期合作的快递公司因有特殊情况而无法正常收发快递。

4.3.4　跟踪商品物流

有时客户都会询问发货进度，在客户不方便查看时，客服就可以通过发货单号来跟踪货物的运输进度并告知客户。因此，通过任意一种物流方式发货后，客服都必须将发货单保存好，以便跟踪物流进度，也便于处理发货后期出现的纠纷。

1. 在线跟踪物流进度

目前，基本所有的物流公司都提供了在线跟踪运输进度的服务，当用户通过快递公司发货后，可以登录到快递公司网站方便地跟踪货物运输进度。

通过快递公司发货后，可以从快递单中获取发货单号（也称运单号）。不同快递公司的运单号位置可能略有不同，但一般都位于快递单上方的条码位置或快递单下方的突出位置。有了运单号以后，就可以登录到相应的快递公司网站中跟踪货物运输进度。下面以在线跟踪中通快递为例，讲解在线跟踪物流进度的方法。其具体的操作步骤如下。

（1）登录中通快递网站，❶ 在"快件查询"文本框中输入运单号，❷ 单击"查询"按钮，如图 4-1 所示。

图 4-1 中通快递查询页面

（2）跳转到新页面，并显示该快递的详细运输进度，如图 4-2 所示。

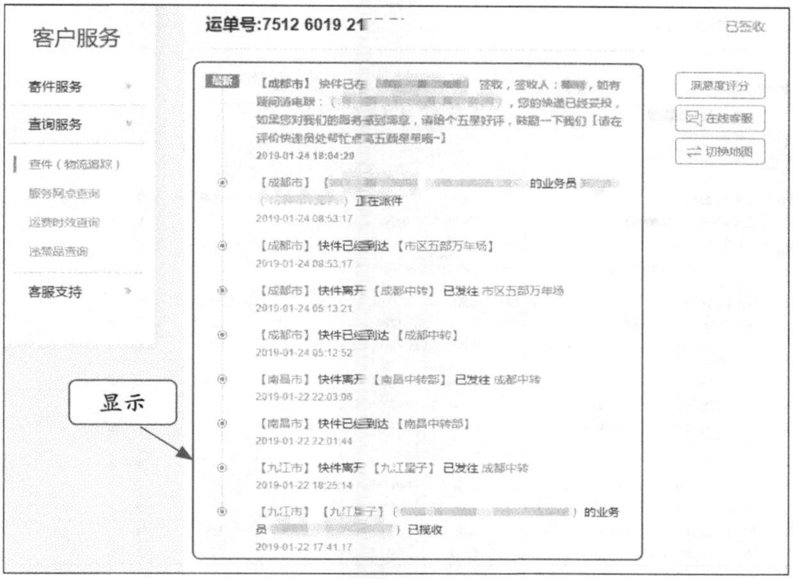

图 4-2 快递运输详情页面

对于国际快递运输进度的查询，可能很多客服会认为自己不懂英文，查询和阅读都会有困难。其实在全球一体化的今天，在国际快递的查询页中可以选择语言。如图 4-3 所示，进入 DHL 的快递查询页面，将语言选择为"简体中文"，然后在查询文本框中输入运单号，单击 » 按钮即可查询，不存在任何语言上的障碍。

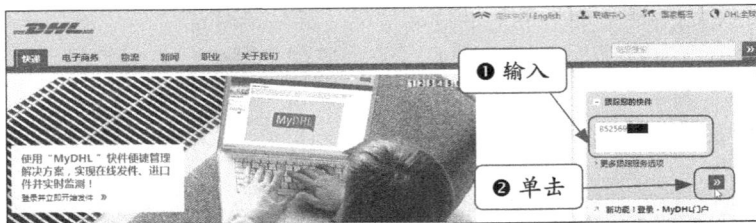

图 4-3　简体中文版的 DHL 快递查询页面

查询结果主要使用英文来显示，因此，客服最好能具有一些简单的英语阅读能力，便于掌握快递的情况，如图 4-4 所示。例如，在查询结果中，客服只要看到"已签收"信息，就可判定该快递已经被妥投了。

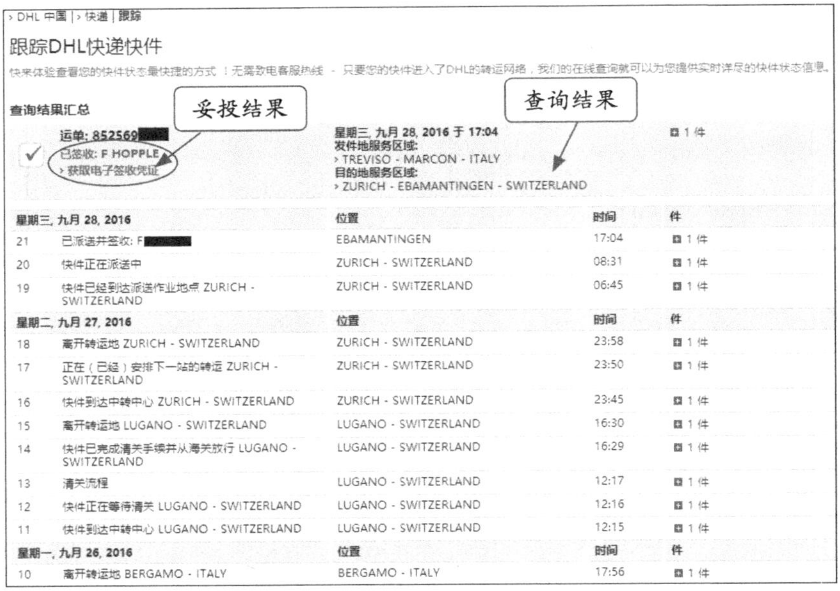

图 4-4　国际物流查询详情显示页

> ⓘ **提示** 利用翻译网站翻译地名
>
> 　　如果客服想知道这些英文地名并告知客户，可以将该地名复制下来，然后到百度等翻译网站中将其翻译为中文即可。

2. 通过百度网站快速查询物流进度

　　百度网站提供了很多有用的服务，其中一项是可以在其页面上直接查询快递的物流进度，而无须登录到快递公司的网站上。

　　（1）登录百度网站，❶ 在文本框中输入"快递查询"，❷ 单击"百度一下"按钮，如图 4-5 所示。

图 4-5　在百度网站中输入"快递查询"并进行查询

　　（2）❶ 单击选择发送快递的公司（这里以中通快递为例），❷ 输入快递单号，❸ 单击"查询"按钮，如图 4-6 所示。

　　（3）立刻就可以看到查询结果，如图 4-7 所示。

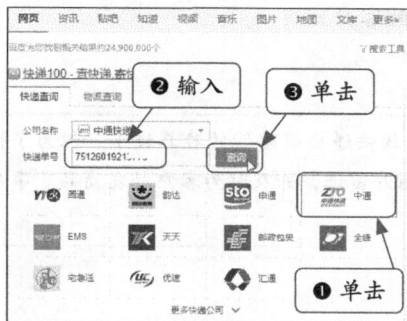

图 4-6　选择查询的快递公司并输入快递单号

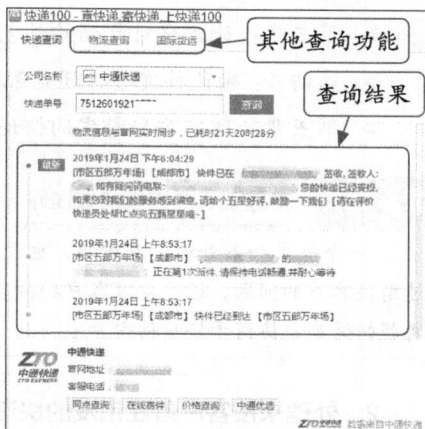

图 4-7　快递查询详情页

在百度快递查询页面上，不仅能搜索国内快递，还可以搜索大宗物流以及国际快递，只需单击图 4-7 中的"物流查询"或"国际货运"选项卡即可进入相应页面进行查询。

❓ 小技巧

专做售后物流查询的客服，可下载 PC 端或移动端专查快递的软件，如"快递 100"软件，查询起来更为便捷。

4.3.5　处理关于商品物流与签收方面的问题

快递运输过程中，容易发生一些常见的物流与签收方面的问题，如快递破损、未按客户备注错发快递、显示签收但实际客户未收到等。客服应掌握这些问题的基本处理流程，才能处理好客户反馈的问题。

1. 处理快递破损件

很多商家为了商品能顺利到达客户手里，在包装上已经下足了功夫。但还是有客户在收件后，联系客服反馈商品破损的问题。客服遇到快递破损件反馈时，可参考下列处理流程。

➤ 第一步：安抚客户情绪，表示会尽最大努力帮助客户处理问题。

➤ 第二步：询问外包装是否破损。如果有破损，大多属于快递公司责任，建议客户配合找快递公司谈赔偿。

➤ 第三步：让客户对收到的外包装和商品进行拍照，用以判断破损责任方与留证。

➤ 第四步：确认补发整件还是配件。同时，注意安抚客户情绪，因为补发需要时间。

➤ 第五步：留言告知补发的快递单号，并提醒客户好评。

ℹ 提示　处理包装未破损的破损件

一个包裹如果外观没有破损，也没有开封痕迹，找快递公司赔偿的胜算较小。但为了快速解决客户的问题，还应要求客户拍摄包裹、商品的图片留证，并及时为客户补发商品。事后再找快递公司协商责任归属方。

2. 处理未按客户备注错发的快递问题

部分客户有指定快递公司的习惯，如果商家不便使用客户指定的快递公司发货，可以直接在商品详情页中或快捷回复快递问题时给出相应提示。但是也有部分客服答应了客户按其指定的快递公司发货的要求，却没有按约履行。

　　例如，客户要求发圆通快递，客服同意后却发了中通快递，客户对此表示很不满意。遇到这种情况，客服应灵活处理。首先核实中通快递是不是不能到达客户的收货地址。如果经核实，确实中通快递不能到达收货地址，应迅速联系中通快递把货物退回来，并向客户道歉；如果中通快递也能到达收货地址，客户是因为其他原因指定圆通快递，考虑到运费成本，客服应尽量不去拦截快递退回重发，而应与客户友好协商。

【实例 4】

客户： 我备注了发圆通，你们怎么发中通了？

客服： 非常抱歉哦，给您添麻烦了，我查询看看。

客服： 真的很抱歉，因为最近这款商品的销量太好了，库房人员忙中出错，给您发错快递了。不过我刚刚问了中通快递，中通快递也可以送达您的收货地址，而且明天就到了。您看到收货信息提醒时方便去取一下吗？如果您实在不方便，我就联系中通快递给退回来，再重新给您发圆通快递。只是这样一来，可能您要晚几天收到货了。

客户： 算了吧，我去取，下次不要再发错了。

客服： 嗯嗯，下次一定注意。

❓ 小技巧

　　未按备注发货，属于商家有错在前，在与客户协商时要注意态度和语气，尽量表明立场，愿意承担任何责任，避免给客户带来不好的本验，进而得到差评。

ℹ 提示　备注快递的学问

　　客服在备注快递信息时，需注意细节问题。例如，部分客户会直接在备注里标注"不要发圆通"，但库房在查看时，可能会误看为"发圆通"，所以直接就给发了圆通，进而产生更多的售后问题。所以，如果遇到客户提出"不要发圆通"的要求时，客服应主动询问，是否可以发中通？如果客户回答说可以，那客服就可将备注写为"请发中通"，这样就不容易引起发货人员的误解。

3. 处理显示签收但实际未收到的快递问题

有时候，客户的快递在快递查询详情页中显示已签收，但客户本人没有收到。这种情况较为常见，因为快递在送达到学校、机关单位、公司前台等地方后，快递员会将快递状态更改为签收，但实际上客户此时并没有收到。所以，遇到这种情况的客户时，客服进行耐心解释即可。

【实例5】

客户：我的快递显示签收了，但我没有收到。

客服：稍等，马上为您查询。

客户：嗯。

客服：经查询，快递已经在今天 13:25 时在距离您收货地址 50 米的蓝店签收了。蓝店的工作人员可能正在录入系统，24 小时内应该会提示您取件。麻烦您耐心等待，我这边也会继续跟进，有消息立马通知您。

客户：好吧。

4. 处理快递信息久未更新的问题

正常情况下，在货物发出的第二天，快递信息就会有所更新。如果遇到客户反馈快递信息久未更新，客服应该在安抚客户的同时，做好查询工作。如果货物信息超过 5 天都未更新，那么在联系快递公司的同时，建议联系库房补发或者为客户退款。

5. 处理由不可抗力导致退回的快递问题

有时候会有一些不可抗力导致快递无法送达，如部分城市在召开特殊会议期间需要交通管制，不允许货车进入，导致快递不能如期到达客户手里；或者极端恶劣的天气导致快递延误等。

出现这类问题时，客服可事先与客户沟通，说明因某些原因可能会导致货物晚到或被退回，询问客户是否需要下单。如果客户坚持下单，并表示可以等待，则后期不会发生纠纷。但也有部分客户明知快递可能延迟，下单后又不愿意等快递，遇到这种情况，客服只能先向客户致以歉意，然后追回快递，并做好退款处理。

6. 处理超区快递问题

有时候，快递已经发出了，却反馈地址超区，无法派送到客户手中。遇到这种问题，客服应登记详细情况，询问快递员能否帮忙转发其他快递。如果快递员回复能转发，询问具体的转发费用，与客服主管沟通是否在承担能力内，生成处理方案后再联系客户。如果快递员不能帮忙转发，那就只能退回包裹，改发其他快递，同时通知客户并取得客户的谅解。

客服可通过旺旺或电话联系到客户本人，把快递超区的事情以及解决方案告知客户，由客户决定具体采用哪种方案。

> **ⓘ 提示　做好避免快递超区的准备工作**
>
> 为处理好快递超区的问题，客服应采用自动发货系统来发货。自动发货系统能及时提醒快件是否存在超区的可能。如果存在超区可能，暂不发货，及时联系客户且提供解决方案。商家可以考虑与中国邮政快递合作，相比其他快递，邮政的覆盖面较广。如果发现客户所在地其他快递无法到达，可先联系客户，询问客户是否可以改发邮政快递。

4.4　退换货问题的处理

退换货问题在售后问题中较为常见。客户在收到商品后，有时会因为商品的质量有问题，或者对大小、颜色、款式等不满意，要求店铺退换商品，甚至会单纯因为不喜欢而退货。处理好退换货问题，是一名售后客服的基本工作。

4.4.1　判断商品是否符合退换货标准

当客户要求店铺更换商品时，可能涉及价差问题，而退回商品则又会涉及退款和运费问题。关于退换货与运费方面的说明，商家一定要事先放在商品详情页中，让客户了解本店的相关规则。图 4-8 所示为某天猫店铺的退换货声明。

各个电商平台对退换货的规定略有不同，这里以淘宝平台出台的《淘宝平台争议处理规则》为例，讲解退换货时商家需要遵循的原则。

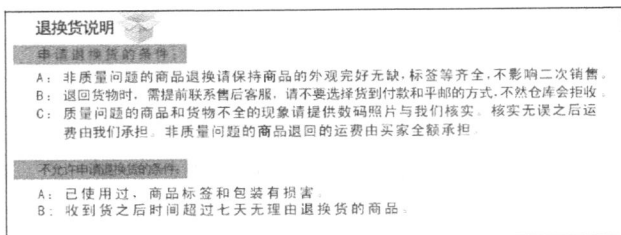

图 4-8　某天猫店铺的退换货声明

➤ 商家应对自行填写的默认退货地址确保正确，交易双方达成退货协议后，若需要指定退货地址或多地址退货的，应当征得客户同意。否则，客户可选择按淘宝系统给出的退货地址进行退货，退货后商品无法送达的风险由商家承担，交易支持退款给客户。例如，某商家仓库地址变更后，忘记更改淘宝上登记的默认退货地址，当某客户要求退货并获得商家同意后，商家给客户留言，让客户将商品退回到新地址，但客户并未看见留言，而是按淘宝系统给出的旧退货地址退货，最后导致退件，淘宝平台将支持退款给客户。

➤ 除代购交易外，商家提供的退货地址未经客户同意不得为海外或港澳台地区，同时需和商品页面中"运费"或"配送"板块显示的发货地一致。例如，某款商品在京东的售卖详情页中显示的发货地为"四川省成都市"，那么退货地也应该是成都市，而不应该是别的城市。

➤ 买卖双方线下达成退货协议的，客户应当自双方达成退货协议的次日起7天内进行退货。双方另有约定的，从其约定。

➤ 客户退货时，应当采用与商家发货时相同类型的承运人进行退货。双方另有约定的，从其约定。

➤ 客户未在淘宝规定或双方约定的期限内退货，对同一问题或维权原因再次主张要求退货的，应当自行和商家协商一致，否则淘宝平台有权不予处理。

➤ 客户依照规则退货后，应当及时在淘宝系统内填写承运单号或告知商家。若商家签收商品时仍未获知该承运单号，商家主张表面不一致情形的，将由淘宝平台根据实际情况分配举证责任。

➤ 客户使用到付方式退货的，应事先征得商家同意，并明确承运人和运费事宜。商家要求客户采取到付方式退货的，应当自行和客户明确承运人及运费事宜。

➤ 客户申请7天无理由退货、换货的，依照淘宝平台公示的7天无理由退货、换货相关规则执行。

➤ 商家违反"退货、换货规范"致使客户无法完成退换货或商品已不适宜退货，交易支持退款。

➤ 客户违反"退货、换货规范"致使商家未收到退货或拒签的，交易支持打款，由客户承担商品损毁或灭失的风险。

客服在和客户沟通协调一致后，应在规定的时间内同意客户申请，再将相关的信息发送给发货人员。收到客户退回的商品后，须确认商品不影响二次销售，再寄出调换的商品或退款处理；如果影响二次销售，则应与客户协商或申请平台介入。

> **ℹ 提示　申请平台介入需准备好证据**
>
> 　　如果商家对客户退回的商品存在争议，需要与客户协商，甚至需要平台介入时，必须出示相应的证据。一般来说，需准备的证据有：退换货问题上协商达成一致的聊天记录截图，物流公司出具的收到退货有问题的公章证明或换货发出的快递单。如有其他相关凭证也应一并出示。

4.4.2　劝说客户取消退换货

考虑到销量、客单价等因素，客服应尽量劝说客户取消退换货。在劝说时，要注意态度和言语措辞。通常，客户在对商品不满时，语言和情绪方面可能会比较激动，客服应询问退货理由，并安抚客户情绪。例如，部分需安装才能使用的商品，客户由于不知道安装方法导致安装有误，商品不能正常使用，因而发出退货申请，此时客服应询问退货原因并做相应的安装指导，同时劝说客户不要退货。

【实例6】

客户： 我要退货！买个电子秤居然是坏的。

客服： 亲，十分抱歉，为您带来了不好的购物体验，如果确实是商品质量问题，我们会全权负责的。请问您收到的包裹是否完整，有没有被拆封的痕迹呢？

客户： 可不就是你们质量问题嘛？包裹完整的。我要退货。

客服：嗯嗯，我这边收集好信息后就为您做退货处理。为提高退货速度，麻烦您提供一下包裹内的商品照片。

客户：（发来照片）

客服：亲，是我失误，没提醒您安装电池。您看，包裹里有两粒纽扣电池，您将电子秤翻过来，打开后盖，安装上电池，再试试能不能正常使用。

客户：哦，纽扣电池太小了，我没看到。那我马上试试。

客服：嗯嗯，纽扣电池的确是太小了，下次我们把它包装得大一些，让大家更容易看到。现在请您试试看，如果还是有问题，我们再做处理。

客户：哦，是好的，那不退了吧，谢啦！

客服在设法平复客户情绪时应主动承担责任，并注意把握交流过程中的态度与措辞，避免激怒客户，因为此时客户的情绪容易失控。

4.4.3　确定退换货邮费及补差费用

实体商品一旦确定退换货，必定涉及邮费问题。不同的电商平台对退换货邮费归属有不同的规定，因此，售后客服应配合客户处理好邮费的归属及相应的补差。在做这项工作之前，客服需先和客户交流，确定责任的归属。

1．退换货邮费

客服在做退换货处理之前，应与客户协商好，由客户垫付邮费，商家收到退货商品并确认商品无明显使用痕迹，在不影响二次销售的情况下，再退给客户约定的邮费。

如果交易双方都没有购买运费险，在客户寄回商品时，则涉及运费的归属问题。在处理这种情况时，客服应根据具体问题具体分析的原则来解决。例如，商品有质量问题和无质量问题，二者的解决方式略有不同。

（1）商品无质量问题，客户承担运费。

如果遇到商品无质量问题，单纯由于客户不想要而要做退货处理时，退货运费由客户全部承担。例如，客户在拍下某款鞋子后，鞋子无任何质量问题，但客户不喜欢想退款，与客服协商邮费的问题。

【实例7】

客户： 在吗？鞋子到了，但不是我喜欢的类型，我想退货。

客服： 您好，在的。这款鞋子参加了"七天无理由退换"服务，您填写一下退换申请就可以了。

客户： 好的。那邮费怎么算？

客服： 亲，您也看到了，鞋子无质量问题，所以邮费还请您自行支付一下呢。

客户： 不是无理由退换吗？我为什么要出邮费？

客服： 是的呢，正是因为参加了"七天无理由退换"服务，方便亲们在收到货物后可以因为不喜欢而退换呢！我们是小本经营，为商品包邮，免费寄送到您手里，也请您谅解，没办法再为您承担回来的运费呢。

客户： 也对，好吧，那我承担，你尽快给我退款。

客服： 好的，您发出快递后把单号填写到退换货申请里，我们收到货后一定第一时间为您做退款处理。

客户： 好。

（2）商品有质量问题，客服承担运费。

通常只要商品无质量问题，客户基本同意自己承担退货邮费。遇到少数胡搅蛮缠、不愿承担邮费的客户，客服耐心说服即可。但如果商品存在瑕疵或质量问题，客服应主动承担邮费，并且要安抚客户情绪。

【实例8】

客户： 在吗？收到的包包有划痕，你们自己看看。（发出商品图片）

客服： 亲，抱歉，为您带来了不好的购物体验。这款包包是爆款，这两天卖得太火，库房人员忙中出错，在拣货时可能不小心擦刮到了，这边为您做换货处理可以吗？

客户： 退换的会不会还有划痕啊？

客服： 亲，不会的。库房人员已经犯错在先，再给您发货时一定会再三检查，给您选个好的。为表示歉意，额外赠送您一份小礼物哟。

客户： 哈哈，好。

客服：谢谢理解！还麻烦您先垫付一下邮费，再次给您发货时，一并把邮费退还给您。

客户：好的！

案例中，商品本身存在瑕疵时，客服要设身处地地为客户着想，此时客户的心情不好也是可以理解的，客服需安抚到位，必要时可给对方赠送些小礼物或优惠券。如果遇到客户报的邮费价格过高，可与客户协商联系价格较为适中的快递，或者由客服在网上查询该地区的快递服务电话，并联系快递员上门取件。

2. 退还差价

部分商家对一些商品做了"买贵退差价"的承诺，在承诺期限内，如果商家将商品降价，客户可以要求商家退还差价。这种情况下，商家必须要履行承诺，将差价退给客户。

例如，某商家在情人节当天，给出9朵玫瑰花束138元的最低价、买贵补差的承诺。结果在3天后，由于库存较多，商家调整价格为9朵玫瑰花束118元，于是有客户找上门来补差价。

【实例9】

客户：你们情人节当天不是说138元是最低价吗？怎么今天的价格比情人节的还低呢？

客服：亲，不好意思，由于营销人员计算有误，活动前采购过多原材料，在情人节当天销量极佳的情况下，库存都还有积压，店里只能亏着本地把剩下的花降价处理了。

客户：那你们之前说的买贵补差怎么办？

客服：买贵补差是我们承诺的，那肯定按照流程给您补20元的差价。只是这次营销小哥算是惨了，不知道要被扣多少钱来补差，搞不好还要被开除。因为他的错误让大家白忙活一场不说，还积压那么多货，老板非常生气。

客户：那算了，你们的花束也算新鲜，性价比也高。现在买118元的也都是库存货，没那么好，不补差价了吧。

客服：您真会体谅人，我替营销小哥谢谢您，再次祝您节日快乐。

❶ 提示　灵活处理补差价

"买贵补差"一般由商家自主提出，基本没有明文规定必须严格执行。在客户找上门来要求补差价时，客服可软性地劝说客户打消补差念头，如上例中的"卖惨"博取同情心就是一种策略。不过如果客户实在要求补差价，客服也应积极处理。

3．处理退换发票问题

当客户申请发票退回时，应先确认客户申请的原因，如果是发票抬头、商品类型、金额有误，先查看自己在与客户的聊天过程中是否存在错误，并让客户提供出错证明，即发票照片。如果确实是客服开票出错，建议与客户协商妥善解决，如请客户退回重开并由客服承担运费。

在售前过程中，客户提出需开发票时，客服应及时询问开票信息，如发票抬头、纳税人识别号或统一社会信用代码等。如果客户有特殊要求，需及时对接相关专员或者财务部门进行处理。另外，客服不要自作聪明，认为不开发票可以少纳税，为店铺省钱，从而在客户提出开发票要求时，故意设置障碍，如开发票需增加运费、增加税点等，这样的行为其实有较大的隐患，被平台发现后店铺可能会受到处罚。

4.4.4　与仓管人员协调处理退换货

大中型店铺一般拥有独立的仓管人员。在处理退换货事宜时，客服可能还需要仓管人员的协助与配合，客服与仓管人员交接工作一般是通过退换货表格来进行的。

如表 4-3 所示，客户在某微店购买一款发夹，在收到货后表示不喜欢需退换货处理，接待客服应在"退换货详情表"内完善订单信息，并转交给仓管人员。仓管人员在拣货时，应严格按照表格内的信息进行处理，避免失误引起客户不满。

表 4-3　退换货详情表

客户 ID	订单号	退回快递号	退换商品	退换原因	是否重发	运费承担	办理人
露露 **	45475***	圆通 ***	蝴蝶发夹	不喜欢	否	客户	客服 ***
云淡风轻 *	45476***	中通 ***	蝴蝶发带	残次商品	是	店铺	客服 ***
七月七 **	45477***	圆通 ***	桃心发夹	颜色发错	是	店铺	客服 ***

4.5　客户评价的正确对待与及时处理

客户购物后的评价，对其他客户有很大的参考作用。中差评较多的店铺，交易状况往往也不会好。很多电商平台为制约商家和客户，都会制定相应的评论规则。例如，在淘宝、天猫、京东等平台中，客户在收到货物后，可用图文、视频的形式对商品进行评价。无论是好评还是差评，都将展现在商品详情页中，供后面的客户查看。换言之，中差评将直接影响商家的销量，因此，客服应该对客户的评价进行监控与管理，一旦发现中差评，就要积极联系客户，劝说客户进行修改，并事后总结经验教训，从源头上杜绝中差评的产生。

4.5.1　回评的正确心态：热情诚恳，不卑不亢

很多客户在购物时，都会习惯性地查看商品详情页里其他客户对该商品的评价。好评自然能为商品带来更高的销量，而差评虽然不好，但也不完全是坏事。客服可对认真给出评价的客户做出正面回应，做相应的解释说明，这样可以给旁观者留下认真负责的好印象。

1. 感谢好评客户的支持

细心的客户会将自己使用商品的真实感受整理成文字、图片或视频，展现在评论里。客服可在评论下面给出相应的回应，对客户的信任表示感谢。图4-9所示为天猫平台某店铺客服在客户好评、追评后，给出的正面回应。在感谢客户选择自己商品的同时，还谈到了物流、售后等问题，让其他客户在查看评论页面时，受到正面的鼓励。

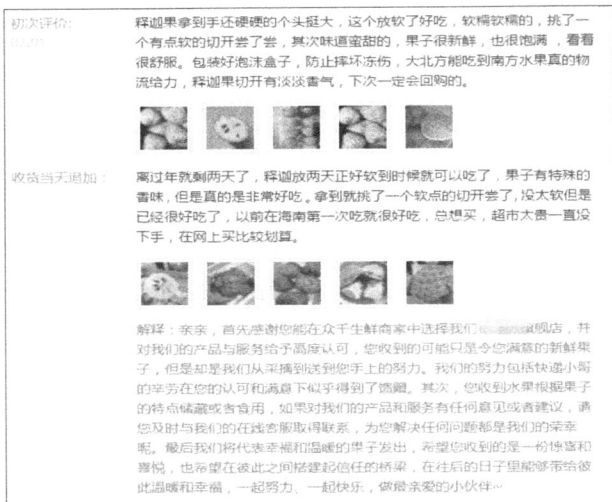

图4-9　天猫平台某店铺客服回应客户好评的案例

2. 对差评做出正面解释

作为商家，不应该惧怕客户抱怨，客户反映商品缺点其实是在帮助商家提高用户体验。部分客户购买商品时对商品的期望值偏高，在收到实物后觉得落差较大，没有联系客服而直接给出差评。客服与之联系请求删除差评无果后，可在评论页面做出正面回应。图 4-10 所示为天猫平台某蜂蜜旗舰后客服对差评做出的正面回应。

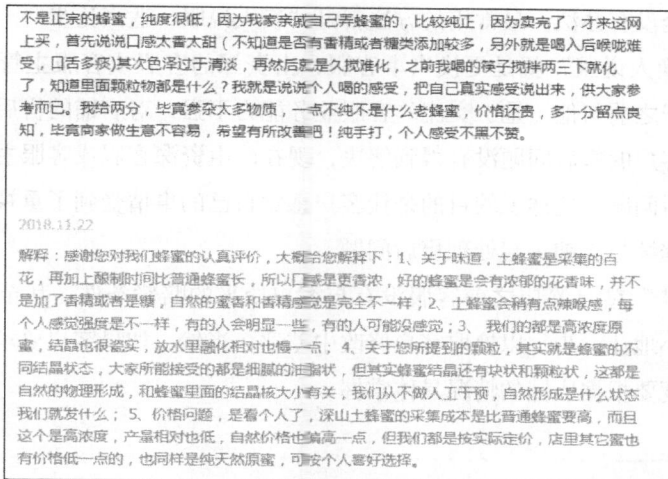

不是正宗的蜂蜜，纯度很低，因为我家亲戚自己弄蜂蜜的，比较纯正，因为卖完了，才来这网上买，首先说说口感太香太甜（不知道是否有香精或者糖类添加较多，另外就是喝入后喉咙难受，口舌多痰）其次色泽过于清淡，再然后就是久搅难化，之前我喝的筷子搅拌两三下就化了，知道里面颗粒物都是什么？我就是说说个人喝的感受，把自己真实感受说出来，供大家参考而已。我给两分，毕竟参杂太多物质，一点不纯不是什么老蜂蜜，价格还贵，多一分留点良知，毕竟商家做生意不容易，希望有所改善吧！纯手打，个人感受不黑不赞。

2018.11.22

解释：感谢您对我们蜂蜜的认真评价，大概给您解释下：1、关于味道，土蜂蜜是采集的百花，再加上酿制时间比普通蜂蜜长，所以口感是更香浓，好的蜂蜜是会有浓郁的花香味，并不是加了香精或者是糖，自然的蜜香和香精感觉是完全不一样；2、土蜂蜜会稍有点辣喉感，每个人感觉强度是不一样，有的人会明显一些，有的人可能没感觉；3、我们的都是高浓度原蜜，结晶也很瓷实，放水里融化相对也慢一点；4、关于您所提到的颗粒，其实就是蜂蜜的不同结晶状态，大家所能接受的都是细腻的油脂状，但其实蜂蜜结晶还有块状和颗粒状，这都是自然的物理形成，和蜂蜜里面的结晶核大小有关，我们从不做人工干预，自然形成是什么状态我们就发什么；5、价格问题，是看个人了，深山土蜂蜜的采集成本是比普通蜂蜜要高，而且这个是高浓度，产量相对也低，自然价格也偏高一点，但我们都是按实际定价，店里其它蜜也有价格低一点的，也同样是纯天然原蜜，可按个人喜好选择。

图 4-10　天猫平台某蜂蜜旗舰店客服回应差评的案例

在处理中差评的过程中，回复和解释其实是良好的营销机会，客服可借助解释差评产生的原因，让其他客户在查看该评论时对商品进行更全面的认识。例如，在图 4-10 所示的案例中，在回复差评时，从蜂蜜味道、口感、价格等方面出发，多方面提及天然蜂蜜，没有人工干预，侧面说明蜂蜜质量好。同时，也加深其他消费者对商品的印象。

如果很多中差评都在反馈同一个问题，那么客服就应高度重视，并将情况反映给上级领导，方便相关人员及时查看商品或经营方面是否出现问题。

4.5.2　正确回复针对商品的中差评

大部分客户给予某个商品中差评，其原因大都是对商品质量不满。客户认为商品质量太差，给予中差评大致分为两种情况：客户因为商品质量问题，与客服沟通后没有得到满意的结果，于是愤而给了中差评；客户觉得商品质量太差，但没有与客服沟通，直接给了中差评。针对这两种情况，正确的处理方式如下。

1. 与客服沟通后给中差评

当客服发现新的中差评时，应立即查看与该客户的交谈记录或售后记录，此时会发现客户已经跟客服沟通过了，但没有解决问题，这种情况下给的中差评比较难以修改，但也并不是完全没有办法。最常用的方法就是"换人说服，适当让步"。

所谓的"换人说服"就是更换当事客服，由资深的客服或客服主管与客户沟通，告诉客户，由于之前与他（她）交流的客服业务能力不强，对店铺的售后服务规则理解不透彻，导致客户的售后问题没有得到解决，现在改由资深客服或客服主管亲自来与客户协商处理售后问题。这样说的目的是让客户感觉自己的事情受到了重视，从而降低抵触情绪，愿意继续与店铺一起处理售后问题。

"适当让步"就是答应之前客服没有与客户谈妥的赔偿条件，甚至在成本允许的范围内，再小小地让一步，以换取客户修改中差评。当然，如果客户要求太多，还是不能答应，这个度要根据店铺的情况具体掌握。

【实例 10】

客服：亲，您好，我是×××店铺的客服主管××。我刚刚看见您给我们店铺打了一个差评，我已经找当时和您沟通的客服小冰了解过情况了，发现其实这是个误会。小冰她刚刚入职才几周，还在试用期，对店铺的赔偿补偿条例还不是很熟悉。小冰之前跟您说，您的情况是没有办法申请换货的，这是她记错了，我们已经对她进行了批评教育，并让她重新参加业务知识测验。

客服：您这种情况符合我们店铺的换货或部分退款政策。具体来说，我们可以给您换货，换货邮费就按您说的那样，由我们店铺来承担；或者我们给您补偿 20 元现金，因为商品功能还是完好的，只是外观上有点破损，并不影响使用。您看您选择哪种方案呢？

客户：好吧，既然你们愿意退赔，我也懒得换货了，给我补偿 20 元现金吧，我的支付宝是××××××××××。

客服： 好的，亲，感谢您的理解，还麻烦您把差评删除一下，我们马上把款转给您。

客户： 不行，我删了差评你们不给我转款怎么办？

客服： 放心吧，亲，您可以保留我们的交谈记录，如果您删除差评后我没有给您处理，您可以拿着记录去平台投诉我们。我们也不可能为了省这点小钱而招来平台的处罚。

客户： 好吧，我删了通知你们。还有，你们的客服业务能力有待提高啊，明明可以赔偿的，她都说不可以，太气人了。

客服： 是的，给您带来麻烦实在不好意思。新入职的客服都有一个成长的过程，我们会加强对新客服的培训，让她们尽快成长起来。

客户听到之前和他交涉的客服受到了处罚，心里的火气一下就会消很多，之后再获得了适当的赔偿，自然也就愿意将差评改为好评。这就是"换人说服，适当让步"策略的用法。

2. 直接给中差评

也有部分客户觉得商品质量有问题，但没有与客服沟通，直接给了中差评。在这种情况下，客服要主动询问客户给中差评的原因，再有针对性地劝说客户删除中差评，并给予售后处理。

【实例 11】

客服： 亲，您好，我是×××店铺的客服主管。我刚刚看见您给我们店铺打了一个差评，并且评论说商品有质量问题。我查了一下售后记录，好像您没有向我们客服反映过商品质量问题啊？商品具体有什么问题，您可以告诉我吗？

客户： 就是扣子有点问题，扣不上。我是没和你们联系，因为这个手包本身就不值几个钱，我懒得去折腾退换货了，给个差评完事。

客服： 对不起！我们没做好，给您带来困扰了。商品有质量问题，我们一定会给您退换，一会我去交代库房免费给您发一个同样款式的手包，您看行吗？

客户： 无所谓了，好吧。

客服： 我们小本经营不容易，还希望您在收到新发来的手包后，帮忙删除一下差评。这次发来的包我会亲自检验再发货，保证不会有任何问题。原来的包也不用退回了，您看着处理就行了。

客户：　行，只要没问题，就删除评论。

客服：　谢谢亲！亲真是通情达理！

　　客户不和客服联系就直接给中差评的原因是多种多样的，有的是因为商品不值钱懒得和客服交涉；有的是因为商品质量太差，愤怒之下直接就给了中差评；还有的可能是蓄意报复，总之客服要了解清楚原因之后再进行处理，但也要注意店铺的利益，不要让步太大。

4.5.3　正确回复针对物流的中差评

　　有的客户把物流的问题也怪罪到店铺身上，不仅给店铺打了中差评，还在评价里对快递公司表示不满。对这样的客户，客服要耐心解释，表明店铺并不能控制快递公司的运输，请对方谅解，并在可能的范围内对客户进行补偿。

【实例 12】

客服：　在吗？小仙女。看到您给我们店铺打了一个差评，我们有什么做得不好的，还请小仙女指教。

客户：　哎呀，你们快递太差了，到了我们这里几天都不给我送货，我打了五六个电话才给我送，气死我了。

客服：　实在对不起，惹小仙女生气了。我也觉得这次的快递实在过分。不过也请您理解，我们店铺把快递发出以后，快递公司怎样运输我们是控制不了的，您因为快递问题给我们店铺打差评，其实我们店铺是无辜滴……

客户：　谁让你们选择那家快递呢！

客服：　和您说实话，其实我们签约的几家快递公司都是国内的一线快递，服务质量都是差不多的。但这次出现延误，让我们也觉得很意外，后期会把情况反映给上级，让他考虑是否还与这家快递公司合作。

客户：　额，其实其他快递也偶尔会出现问题。但如果像我这种情况的有很多，确实也可以考虑换合作的快递公司了。

客服：　嗯嗯，为您带来不便真是不好意思。要不我做主，退还您 8 元邮费做补偿吧，真是太对不起您了。

客户：　那好么？那我还是把差评删了吧，你们也是受害者。

客服：　谢谢您的理解。

ℹ 提示　劝说删差评需谨慎

客服在与客户协商处理问题时，虽然主要目的是删除差评，但不要一上来就用金钱来要求对方删除差评，这样易惹怒真正想解决问题的客户，不仅不能如愿删除差评，还可能遭到更严重的投诉。最好的方法是旁敲侧击，引导客户自主删除差评。

4.5.4　正确回复针对客服工作的中差评

因为客服态度不好而给店铺中差评的案例比比皆是。至于其发生原因，则应具体分析，有可能的确是因为客服态度有问题，也有可能是因为客户本人太敏感，还有可能是因为双方沟通不畅造成误会。不论原因是什么，只要客户在评论中提到了客服态度问题，那么店铺在处理时，遵循"换人处理，赔礼道歉"的原则，通常都会取得较好的效果。

【实例 13】

客服：　小姐姐，我是×××店铺的客服主管××。我刚刚看见您给我们店铺打了一个差评，并且评论说客服态度冷淡。我已经询问了与您沟通的客服，并且查看了当时的交谈记录，发现我们的客服回复您的消息确实不是很及时，给您造成了不快，是我们的错。

客户：　你们那个客服爱答不理的，问她什么问题半天才回答几个字，太气人了！我是来买东西的，不是来受气的！

客服：　您说得对，这样的工作态度存在严重问题。我们已经按照店铺规定，给她记了一次重大工作失误，停岗三天学习，回头我让那名客服打电话向您道歉，您看可以吗？

客户：　处理了就行了，电话就不必打了，没工夫听。

客服：那这样，我们赠送您一张 5 元优惠券，下次您来店购物可用，算是我们一点儿道歉的心意。麻烦您把差评给我们改一下吧，行吗？

客户：看你们道歉还算诚恳，这次我就改了。

客服：谢谢您！您真是宽宏大量！

其实，真实的原因可能是因为当时进店询问的客户太多，客服忙不过来，才没顾得上及时回答对方的问题。但即使是事后把这个情况告诉客户，客户也可能认为是店铺找借口，还不如直接告诉客户当事客服已经受到了处罚，让对方消气。

4.6　实践与练习

1. 跟踪 3～5 个快递单号，如顺丰速运、中国邮政、中通快递、圆通速递等。
2. 查看各电商平台中店铺客服对于好评和差评的回复和解释，并进行总结。
3. 阅读下列售后场景对话，分析此案例中该店铺售后客服的处理是否妥当，若不妥当，给出修改建议。

客户：你们这款运动鞋还是我朋友推荐的，说是正品，结果我一穿就知道是假货，我要退款。

客服：亲，我们店内的商品都是从专柜拿的正品，不信您可以去当地专柜验货哦！

客户：我就是行家，还验什么？再说了，你们这个鞋子本来就加入"七天无理由退换"的，我要退货。

客服：我们出售的都是正品。

客户：那我现在就是不想要了，要退货！

客服：不行呢，我们店里有专柜的授权书，都是正品。

客户：你什么态度啊？我就要退货。

第 5 章

客服数据分析与应用

做好客服的销售统计数据分析，不但方便商家计算客服的工作绩效，还能发现客服在销售、退货工作中存在的问题，从而有针对性地培训与指导客服，以补齐工作短板，提高工作效率，让全店的销售量得到提高。

5.1 统计客服销售量

客服销售量是指客服在一定工作时间段内所销售商品的数量。客服销售量既可以是整个客服团队的销售量，也可以是具体某个客服的销售量。统计客服销售量，有利于直观地考核客服的业绩，通过横向对比客服之间的销售量，可以找到业绩不佳的客服，帮助他（她）分析自身不足，提高业务水平；也可以帮助有多个销售团队的大型电商企业找出业绩不佳的团队，从而进行有针对性的整顿。

5.1.1 统计客服销售量与总销售量占比

一个店铺的商品总销售量通常由两部分组成：一部分是客服销售量，另一部分是静默销售量。

> **ⓘ 提示　静默销售量**
>
> 静默销售量指的是客户不通过询问客服，直接下单购买的商品数量。很多网购客户通过商品详情页面的介绍，就获得了足够的商品信息，从而不询问客服就自助下单购买。换言之，静默销售量与客服的工作无关。

客户通过咨询客服或经客服推荐后再购买的商品数量，称为客服销售量。在实践统计中发现，客服销售量与静默销售量的比例一般为 3 : 2。换句话说，客服销售量占店铺总销售量的 60% 左右是正常的水平。

此占比和店铺规模有一定关系，一般来说，店铺规模越小，客服销售量占比越高；店铺规模越大，客服销售量占比越小。但一般都会在 60% 左右浮动。这是因为店铺越大，其商品详情页面就做得越专业，提供的信息就越详细，视觉效果也越好，评价起的正面作用也越大，在各种因素的共同作用下，很多客户就倾向于直接购买而不询问客服，因此客服销售量占比相对较小。

例如，某店铺 3 月份的服装静默销售量为 2283 件，客服销售量为 3305 件，总销售量为 5588 件。客服销售量占总销售量的百分比为 59.14%（3305 ÷ 5588 × 100%）。从结果来看，客服的销售工作做得还是不错的。

如果客服销售量占比较低，如只有 50%，则说明客服团队的工作效率还有待提高；如果客服销售量占比较高，如 80%，则说明商品详情页的问题较多，有待进一步优化。

5.1.2　客服之间销售量横向分析与处理方法

衡量客服之间的工作效率与工作态度，一般可通过横向对比客服的销售量和销售金额等指标来进行。需要注意的是，销售量最高的客服，其销售金额不一定最高；销售金额最高的客服，其销售量不一定最高。这其实是很好理解的，有的客服善于向客户推荐价格高的商品，所以该客服的销售量可能不是最高的，但销售金额会比较高。

图 5-1 所示为某电商平台店铺的 5 位客服 1 个月的销售量统计柱状图。从图中可以看出，客服平均销售量为 3500 件，客服甲、乙、丙的月销售量高于平均值，且丙是该月销售量冠军，而客服丁、戊的月销售量则低于平均值。

通过客服之间销售量的横向对比，可以更加准确地判断出哪些客服的工作效率高，哪些客服的工作效率还存在提升的空间。除此之外，还可以通过对比结果，重新将客服分组，使各个组之间的工作效率大致相当，这样对店铺平稳分流客户是比较有帮助的。

客服之间销售量的对比是查看每一位客服工作情况的必要手段，对于检验客服的工作具有积极的效果。

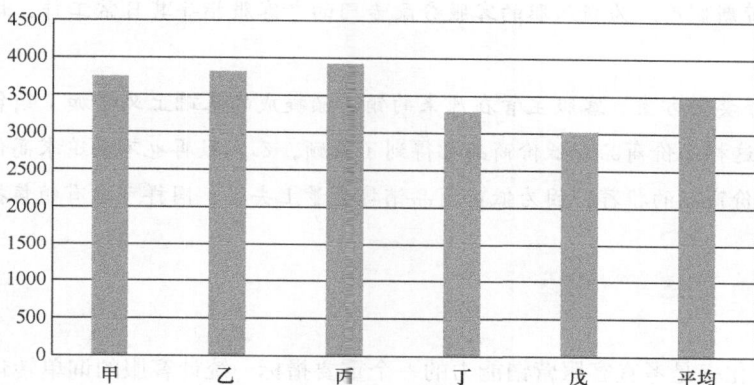

图 5-1　客服月销售量统计柱状图

5.1.3　案例：某日用品店对客服销售量低的原因分析与处理

5 月，一家在微店平台主营日用品的店铺客服主管在对店内客服进行考核时发现，当月所有商品的静默销售量为 2250 单，客服销售量为 1500 单，总销售量为 3750 单。客服销售量占总销售量的百分比约为 40%（1500÷3750×100%）。客服的销售量远不如静默销售量好。在调查店内的几名客服的销售量后，发现当月甲、乙两人的销售量最低，分别为 321 单和 335 单。

客服主管综合店内实际情况后，分析结果如下。

➢ 日用品客单价较低，且店内商品大多是知名品牌，客户在浏览详情页后认为价格合理，对商品也没有过多顾虑，直接下单，故静默销售量较高。

➢ 甲客服为新入职客服，在接待技能上远不如其他几位客服，故销售量较低。

➢ 乙客服则认为日用品价格偏低，即使是提高销售量，在销售额提成方面也没有明显优势，故没有动力推荐低价格的商品。

针对以上情况，客服主管给出了相应的处理方法。

> 设置包邮门槛。店内日用品单价低，故设置全店满 19 元包邮门槛。客户在选中某件单品时，为节约邮费，才有可能搭配其他商品，以此来提高店铺客单价。在商品搭配时，更有可能询问客服意见，从而提高客服销售额。

> 老带新制度。为新入职的客服分配专门的老客服指导其日常工作，让新客服快速积累经验。

> 调整奖金方案。客服主管在原来的销售额提成的基础上又增加了销售数量提成这一指标。这样高价商品和低价商品都得到了兼顾，乙客服再也不会追求高价商品，而忽略了对低价商品的推荐，因为低价商品销售数量上去了，同样可以有销售提成。

5.2　分析询单转化率

询单转化率是考查客服营销能力的一个重要指标。统计客服的询单转化率可以从侧面了解客服营销能力的强弱。例如，同一店铺，客服甲的询单转化率在 70% 以上，说明此客服的营销能力较强；客服乙的询单转化率在 50% 以下，说明此客服的营销能力较差。

5.2.1　影响询单转化率的因素

当客户进店咨询时，说明他（她）已经产生了购买意向。无论客户有没有确定的购买目标，客服都应该有技巧地引导客户，尽量促成交易。一般来说，一名成熟的客服可将 60% 以上的询单客户转化为购买客户，即其询单转化率高于 60%。

在对客服进行培训时，如何提高询单转化率是重点的培训内容。要提高询单转化率，需要了解影响询单转化率的因素，对于客服而言，主要有商品相关专业知识的掌握程度、店铺促销信息的了解程度、销售技巧和服务态度等，具体说明如下。

> 客服是否熟练掌握商品的专业知识。客服只有快速、清晰地回答客户的问题，才能够在客户心中建立可信度，从而提升客户下单的可能性。当客服遇到不熟悉的问题时，需马上与同事沟通，再将相应答案反馈给客户，而不要以"这个其实不重要"或"说明书里讲得也不是很清楚"等话语来搪塞客户。

> 客服是否熟悉店铺促销信息。当客户犹豫是否购买时，客服就要看准机会，抛

出店铺的促销信息，促使客户下决心购买。

➢ 客服是否具有熟练的销售技巧。客服只有掌握一定的销售技巧，才能够迅速判断出客户的需要、客户的类型，才能有针对性地引导客户下单。

➢ 客服是否具备良好的服务态度。客服的良好服务态度可让客户感到自己得到了认真、热情的对待，从而对客服、对店铺产生好感，这样客户下单购物的可能性也就增加了。

询单转化率是一个比较考验客服综合能力的指标，如果一名客服的询单转化率比较稳定，而且保持在较高水平，说明该客服的工作能力是比较值得信赖的。

5.2.2　询单转化率的分析与处理方法

从询单转化率的公式中可以看出，在询单客户人数不变的前提下，付款客户人数越多，询单转化率越高。但同时也要意识到，询单转化率是一个比值，体现不了询单客户与付款客户的具体数量，如果仅以询单转化率来衡量客服的工作能力，可能会有失偏颇。

举一个简单的例子：客服甲一周内接待询单客户 900 人，其中付款客户有 720 人；而客服乙一周内接待询单客户 800 人，其中付款客户有 640 人。两者的询单转化率都为 80%，但两人的工作量是不一样的，销售业绩也不同，客服甲为店铺带来的利润明显高于客服乙（假设客单价基本相同）。如果出现这样的情况，管理人员就要考虑为什么客服乙接待的客户数量要少于客服甲。这可能是由以下两个原因引起的。

➢ 店铺的客户分流设置不合理。例如，在淘宝平台中，当客户单击店铺中的"和我联系"图标时，该客户会被按照一定的规则分流给客服子账号。这个规则比较复杂，简单来说平台按照"是否发送给主账号→是否有联系过的客服账号→是否有空闲的客服账号"这样的顺序来进行判断。此外，管理人员设置的总分流、组分流规则也会影响客户的分配。当客服之间分配的客户数量相差太大时，首先就要检测店铺的分流设置是否合理。

➢ 客服接待客户的时间过长。当一名客服过于细心，过于耐心，或者没有足够的沟通技巧来终止客户的"喋喋不休"时，他（她）接待客户的时间就会比较长，在同样的时间内，该客服接待的客户数量就会比其他客服少。当出现这样的情况时，应对该客服有针对性地训练沟通技巧。

所以，在考核客服的询单转化率时，也要将他们的询单人数进行比较，这样才能比较全面地看出问题。

【实例 1】

李叶自主创业，在淘宝网开了一个服装类目的店铺，兼任采购、运营和客服。开店初期，接待的客户较少，李叶花钱聘请专业的运营人员优化店内商品的主图和详情页后，询单量开始发生了变化。虽然询单的人数逐渐多了起来，但最后成交的客户数量仍然寥寥可数，于是她以做小调查为由，询问客户购买或放弃购买的理由。

对于已购买的订单，李叶是这样询问的：

客服：亲，谢谢您对小店的支持。能否占用您两分钟时间，帮我完成一下老板下发的调查任务呢？

客户：什么任务？

客服：就是想了解一下，您们对我们的商品和服务是否有不满意的地方？如果有，还希望您给出意见，我们加以改正。

客户：还好吧，我看你们服务挺到位的，上次问你尺码的问题，你耐心地和我讲了 10来分钟，挺满意的，继续发扬。

客服：谢谢您的支持和肯定，祝您生活愉快。

对于询单但未成交的客户，李叶是这样询问的：

客服：亲亲，您好。能否问下，您上午咨询了小店的新款夹克，后来怎么就没有回音了呢？

客服：亲亲，在吗？因为老板下发了调查任务，今天完不成的话，我会被留下来关小黑屋的（发送一个哭泣的表情）。

客户：什么调查？

客服：老板想了解一下您对店内的商品和服务的意见或建议，以便于我们做改正，为您提供更好的商品和服务。

客户： 哦，倒也没什么意见，就是感觉尔回复太慢了。我本来同时看中几家类似的商品，在问你的时候，也在问别人家的客服。可是，别家的客服把尺码推荐和快递介绍完了，在我核对订单信息的时候，你才开始回应我，我当然不在你们家买啦。

客服： 亲亲，真的不好意思呢，因为您问的衣服是新款，我为了给您推荐合适的尺码，现去翻资料，仔细对比后才回复您的。

客户： 那是你的问题了，无论新款、旧款，你都应该了解尺码的。

客服： 抱歉给您带来了不好的购物体验。是我对商品不熟悉导致回复速度慢，我一定加以改正。还请您再给个机会，店内商品都是正品，有时间再来看看。

客户： 嗯，至少你态度还是端正的，下次我再买衣服会来看看的。

客服： 谢谢亲的理解和支持，下次再问尺码，我一定迅速给您推荐最合适的尺码。

经过询问多名客户，李叶发现了自己的问题所在。她总想为客户提供最细致入微的服务，经常细细揣摩客户的问题后才给出最佳答案。部分耐心好的客户很认可李叶的服务，但更多客户因为她的回复慢都流失了。为改善这一现状，李叶加强了对商品细节的了解与记忆，便于快速响应客户。随着响应时间的缩短，李叶的询单转化率比以前提高了。

5.2.3 案例：某天猫店铺"双 11"后解决询单转化率低的问题

客服的工作能力各有高低，其询单转化率也有所差异。例如，某些客服喜欢慢条斯理地与客户交流，常被客户点名表扬其服务细致，但同时也正因为性子慢，响应速度低于其他客服，总体转化率较低。客服主管应不定期分析客服的询单转化率，并找出客服询单转化率低的原因，制定相应对策。

某天猫店铺"双 11"活动过后，经理调研店铺各项数据，为下一次活动总结经验，以进一步提高店铺的销售额。其中，活动期间的询单转化率是一个重要的数据。经过对该数据的统计、排序，经理发现店内 12 名客服中，有 4 名客服的询单转化率低于平均值。经客服主管调查，4 名客服询单转化率较低的原因各有差异，客服主管将原因及相应对策制作为一个表格，作为后期指导客服改进工作的依据。该表格如表 5-1 所示。

表 5-1　4 名客服询单转化率低的原因和对策

客服	询单转化率低的原因	制定对策
甲	店内公认的"慢性子",在与客户交流中,秉承着细致入微的服务态度为客户解决问题,获得很多客户好评,但响应速度跟不上,尤其是大促期间更加明显	因人制宜:甲客服的细心决定了她很少使用统一设置的自动回复,故客服主管允许她将平时使用较多的问答语设置为专属账号的自动回复,提高响应速度
乙	新手客服,言辞方面欠缺经验,偶尔会得到客户差评	老带新:在老客服的指导下,提高沟通技能
丙	"老油条"客服,喜欢用自动回复来搪塞客户,基本与客户一问一答,工作态度不积极	警示为主,处罚为辅:告诫丙客服,响应速度快的同时,保持积极、热情的态度与客户交流,否则给予相应处罚
丁	注重解决客户的问题,但没有销售技巧	老带新:让询单转化率较高的老客服对其进行工作指导,传授相应的销售技巧

从表 5-1 中可以看出,同样是询单转化率低的问题,其原因可能是多种多样的。在实际工作中,客服主管要仔细调查原因,找出原因后,有针对性地帮助客服解决问题,帮助客服成长,而不要只是简单地将询单转化率指标压在客服头上,这样可能达不到预期效果。

5.3　分析客单价

在第 1 章中已经介绍过客单价。客单价是指在统计期内每位下单客户的平均交易额,其计算公式如下:

$$客单价 = 总销售额 \div 总下单客户数$$

同样的,客单价也分店铺客单价和客服客单价两种。通过客单价的计算公式可以看出,影响客单价的两个因素是销售额和下单客户数。要提高客服客单价,客服就要说服每一位客户尽量多消费。只有让每一位客户的交易额变得更多,才能让客单价变得更高。因此,可以说客单价是衡量客服关联销售能力的一个指标。

> **ⓘ 提示**　注意客单价与询单转化率的考核区别
>
> 客单价主要用于衡量客服关联销售能力，而询单转化率主要用于衡量客服总的销售能力。客服应该在保证询单转化率的前提下，尽量提高客单价。

5.3.1　影响客单价的因素

首先需要说明的是，客单价只有在客服之间的销售量和销售额相差不太大的情况下才有指导作用，否则它将失去意义。例如，某店铺一位客服的月销售量仅有 100 件，客单价为 85 元，其他客服的月销售量均为 150 件左右，客单价为 60 元左右。虽然这位客服的客单价比其他客服都高，但其实他的销售量和销售额都不高，还有很大的提升空间。所以研究客单价的前提条件是客服之间的销售量和销售额相差不大。

从客单价的公式中可以看出，尽力提高每一单的销售额，就可以有效地提高客单价。那么，有哪些因素可以提高每一单的销售额呢？

➤　店铺设置的搭配套餐。很多店铺在商品详情页下面都设有商品搭配推荐，如西装搭配领带，长裤搭配皮带等。

➤　客服自行为客户推荐的搭配。当店铺没有为一件商品设置搭配推荐时，往往需要客服自行为客户推荐相应的搭配；或者店铺推荐的商品搭配不太符合客户的需要，此时需要客服灵活地调整搭配，并推荐给客户。

➤　客服为客户推荐系列的商品。例如，当客户只询问护肤霜时，客服可以向客户推荐同一系列的护手霜、眼霜等护肤品。这是因为当客户询问某款商品时，表明其对该款商品的品牌是比较认可的，因此，向他（她）推荐同品牌的系列商品的成功率会较高。

➤　客服主动提示客户店内有促销活动。当客户没有留意到店铺正在做活动时，客服可以主动提示客户参加活动购买更实惠。通过这样的方式，让客户一次性购买更多的商品。

总之，客服要善于启发客户的购买需求，并温和地推动客户购买。例如，一位客户咨询客服一件外套的相关信息时，客服可以在回答问题后，向客户推荐外套的搭配方法，如裤子、毛衣、T 恤、项链、围巾等。通过不令人反感的话术，让客户增加购买量，从而提高自己的客单价。

如图 5-2 和图 5-3 所示，客服在与客户核对订单信息后，发出几款推荐款链接，并配以"年关""新衣""优惠""划算"等关键词，促使客户点击购买。

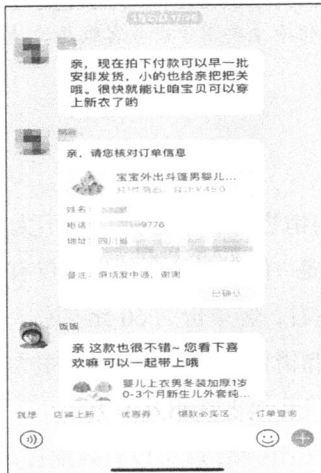

图 5-2　客服核对订单

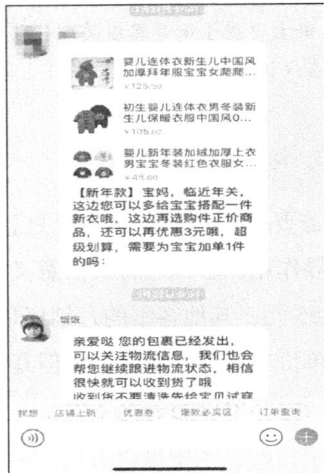

图 5-3　客服推荐关联款

5.3.2　店铺客单价和客服客单价的对比分析

店铺客单价为店铺在一段时间内的总销售额除以总下单客户数。其中，下单客户包括静默客户和询单客户。静默客户指没有询问客服就自行下单购物的客户，这部分客户的客单价称为静默客单价。如果通过客服服务所带来的客单价没有静默客单价高，那么说明客服在销售上没有起到引导客户购物的作用。所以，一个店铺的理想状态应该是客服客单价高于静默客单价，同时也高于店铺客单价。

正常情况下，客服客单价应高出店铺客单价的15%～30%。例如，店铺客单价是40元，那么客服客单价至少要到达46元才算是基本合格。表5-2所示为某店铺3名客服的销售额、下单客户数、客单价统计明细。

表 5-2　某店铺 3 名客服的销售额、下单客户数、客单价统计明细

客服	4 月销售额 / 元	下单客户数 / 名	客单价 / 元
甲	13412.56	301	44.56
乙	14899.50	315	47.30
丙	15153.60	308	49.20
店铺	57440	1436	40.00

由表 5-2 可知，客服甲的客单价只比店铺的客单价高 11.4%，这说明客服甲的关联销售技能还有很大的提升空间，需要客服主管或店主对之进行专门的培训。

【实例 2】

新客服小张入职以来，连续几个月的销售量都不很理想，也不如同期入职的同事，于是他找到了客服主管，请主管帮助自己找出问题，并进行改进。

主管打开小张的聊天记录，研究了十来个客户与小张的对话，发现了一些问题。主管提取出一段对话，让小张自己看看是否存在问题。

（客户已表明有下单意愿，希望尽快发货）

客服: 好的，包裹一发出就发送短信提醒您。您有没有兴趣再看看店内的另一双鞋？材质和款式与您选定的这一双都差不多，两双一起购买满 199 元，还能减 10 元呢，十分划算。

客户: 秋天一来，凉鞋就穿不上了。而且我为什么要买两双差不多一样的凉鞋啊？

客服: 因为买两双可以省 10 元钱呢，您要不看看再决定买不买吧？（发送商品链接）。

客户: 不用看，我不要。

客服: 那您下单吧，我尽快给您安排发货。

小张研究了好一会儿，试探着问客服主管是不是因为自己在做关联推荐时太生硬，所以客户不愿意接受自己的推荐。主管对小张的判断表示认可，并提示小张，除了生硬的推荐之外，小张在关联推销时还不太会搭配。如本例对话中，不应劝说客户购买两双款式相近的凉鞋，而应向客户推荐一些其他的相关商品，如脚趾甲专用的指甲油等。主管还翻出了其他一些对话，向小张逐一指出其中的错误，帮助小张改进关联销售的方式。

5.3.3　客服之间客单价的横向对比

通过横向对比客服之间的客单价，可以直观地反映出客服的销售水平，客单价高的客服更善于关联销售、搭配销售，或者善于说服客户购买更贵的同类商品。

表 5-3 所示为某店铺 3 名客服 1 ~ 6 月的客单价统计明细。从表中可以看出，客服甲在 5 月、6 月的客单价较高，超过了客服乙。但客服乙上半年 6 个月的客单价都比较稳定，

变化幅度不大。这说明客服甲逐渐在成长，销售技巧也在不断提高；而客服乙的客单价波动不大，稳定性强，是店铺客服的中坚力量。客服丙的客单价波动较大，工作状态不够稳定，还有待进一步加强业务学习。

表 5-3　某店铺 3 名客服 1 ~ 6 月的客单价统计明细　　　　单位：元

客服	1 月	2 月	3 月	4 月	5 月	6 月
甲	131	135	140	156	163	163
乙	156	153	155	158	155	154
丙	140	155	133	118	155	128

其实客单价稳定且一直处于中上水平的客服是很难得的，这说明该客服对工作非常熟悉，对销售技能掌握得非常熟练，进入了一种稳定工作的状态。这样的客服可以多加培养，使其逐渐成为客服主管，也可以经常召开交流会，让他（她）向大家传授销售经验。

5.3.4　案例：某土特产店铺通过客单价横向对比补齐客服销售短板

如表 5-4 所示，在淘宝平台的某土特产店铺在 7 ~ 12 月的平均客单价为 57 元。客服主管对某组 5 名客服的客单价进行横向对比时发现客服之间存在明显差异。为提高店铺整体的客服客单价，客服主管提出整改计划。

表 5-4　某店铺 5 名客服 7 ~ 12 月的客单价统计明细　　　　单位：元

客服	7 月	8 月	9 月	10 月	11 月	12 月	平均
甲	58	63	65	70	71	75	67
乙	58	60	63	67	70	77	65.83
丙	65	66	64	67	67	68	66.17
丁	65	75	55	56	60	75	64.33
戊	70	74	72	70	74	73	72.17

根据正常情况，客服客单价会高出店铺客单价的 15% ~ 30%，那么客服客单价至少要到达到 65.55 元才算是基本合格。店内 5 名客服的客单价横向对比结果如下。

➤ 客服甲和客服乙是刚入职的新员工，在实习期间，客单价以稳步递增的形式上涨，平均客单价均超过了合格标准。

➤ 客服丙 6 个月的客单价变化不大，并且 6 个月的客单价均超过合格标准，稳定性强。

➤ 客服丁在 6 个月中，客单价低至 55 元，高至 75 元，创下了店内客单价的最低和最高，但平均客单价为 64.33 元，未达到合格标准，属于重点问题客服。

➤ 客服戊 6 个月的客单价变化不大，在稳定性强的同时，还创造了平均客单价的最高值，为重点培养客服。

客服主管认为客服的整体问题不大　新客服正在持续进步中，假以时日定可以创造出更好的成绩；客服丙和客服戊则属于稳定性客服，也没有大问题；只有客服丁的客单价忽上忽下，需单独约谈，找出客单价不稳定的原因，并指导对方进行改进。另外，在 5 名客服中，可以提升客服戊为小组长，并让客服戊分享销售技巧，监督其他小组成员的工作，帮助小组成员成长。

5.4　分析退款率

有人常说，电商经营避免不了两件事：一是差评，二是退款。任何一个店铺都有可能产生退款。那么统计退款率，找到问题所在并进行纠正就很有必要了。

退款率是指退款商品数量占销售商品数量的比例，其计算公式如下：

$$退款率＝退款商品数量 ÷ 销售商品数量 ×100\%$$

例如，甲客服在 1 月 1 日当天的销售商品数量为 15，退款商品数量为 1，则甲客服当日退款率 =1 ÷ 15 × 100% ≈ 6.67%。

有时退款率也可以用退款商品的金额与销售商品的金额来计算，其计算公式如下：

$$退款率＝退款商品总金额 ÷ 销售商品总金额 ×100\%$$

例如，甲客服在 1 月当月的销售商品总金额为 452 元，退款商品总金额为 13 元，则甲客服当月退款率 =13 ÷ 452 × 100% ≈ 2.88%。

5.4.1　横向比较客服之间的退款率

店铺退款分两种情况，一种是静默退款，另一种是与客服交流后产生的退款。其中，与客服交流后产生的退款就会产生客服退款率。当然，也有静默退款率和店铺总退款率等数据。

客服退款率是指某位客服退款商品数量占该客服销售商品数量的比例。通过横向对比客服的退款率，可以找出退款交涉技巧欠佳的客服，对其进行重点培训，以降低整个客服团队的退款率。

当客户找到客服要求退款时，客服要尽量说服客户不要退款，改用其他方式来处理，如更换商品、适度补偿、送赠品等。对于比较愤怒的客户，客服要尽量安抚对方的情绪，在对方的情绪平静后，再提出退款以外的解决方案。

表 5-5 所示为某店铺 1 月 4 名客服的退款率统计明细，其中，客服甲的个人退款率低于整个客服团队的退款率，说明客服甲的退款交涉技巧是相当高明的。

表 5-5   某店铺 1 月 4 名客服的退款率统计明细

客服	1 月销售商品数量 / 件	1 月退款商品数量 / 件	1 月退款率
甲	311	7	2.25%
乙	310	15	4.84%
丙	335	17	5.07%
丁	308	14	4.55%
客服团队	1086	47	4.33%

处理客户的退货退款问题是一项很具有挑战性的工作，申请退货退款的客户对店铺或商品已经感到相当不满了，客服一定要尽自己最大的努力安抚好客户，说服客户不要退货退款，努力减少店铺的退款率。

5.4.2 从客服退款率和店铺总退款率中找问题

店铺总退款中包含了静默退款和客服退款，从实践中来看，客服退款量一般占店铺总退款量的 20% 左右。如果与此比例偏差过大，可以从中看出店铺与客服的一些问题。

部分客户没有联系客服直接申请退换货，客服可以了解客户退换货的原因为由发起聊天。虽然退换货的理由多种多样，但客服还是可以多加留意，找准机会劝导客户取消退换货。例如，退换货的理由多为"质量问题"，客服可主动联系客户，询问质量存在什么问题。

【实例 3】

客服： 小姐姐，您好。看到您在后台提交了退货申请，想问问商品有什么地方让您不满意呢？

客户： 我都提交申请了，你们给通过一下。

客服： 嗯嗯，肯定帮您通过。耽误您两分钟，想问问商品有什么问题，便于我们后期改进。

客户： 也不是什么大问题，就是收到的衣服上面有点污渍，我看着不舒服，想退。

客服： 十分抱歉，给您带来不好的购物体验。这款商品加入"七天无理由退换货"，并且我们也为商品购买了运费险 您退换商品不需要任何的其他费用。方便拍张照片发我看看吗？

客户： （发来照片）

客服： 好的，我看到了右袖口确实有块污渍，想必是库房工作人员在拣货时不小心弄上去的。如果您确实心仪这件商品，我建议您做换货处理，我这边联系库房重新给您发件新的。为表歉意，再给您送一份小礼物——一条丝巾，与这件衣服蛮搭的。（发送丝巾图片）

客户： 肯定心仪我才会下单啊，只是污渍的事让我有点儿失望。

客服： 是的呢，污渍确实让人扫兴。这次我联系库房一定帮您挑选一件没有任何瑕疵的，这点您可以放心。如果今天发货，到您那边应该就是大后天，很快的。

客户： 那好吧，我修改退货申请，你尽快给我发货。

客服： 谢谢理解，一会儿发货后就给您反馈发货单号。

5.4.3　案例：某裤装店铺对比客服退款率和店铺总退款率后发现客服问题

表 5-6 所示为某裤装店铺 1 月店铺总退款量和客服退款量的统计数据。

表 5-6 某裤装店铺 1 月店铺总退款量和客服退款量统计数据 单位：件

类目	具体数据
店铺总销售量	2033
店铺总退款量	468
客服销售量	1179
客服退款量	43

从表 5-6 中能看出什么问题呢？

➤ 店铺的总退款率达到了 23%（468÷2033×100%），也就是说每 5 件商品里面就有 1 件退货，这是一个不容乐观的退款率。

➤ 客服退款量约占店铺总退款量的 9%（43÷468×100%），低于 20%，这说明店铺的静默退款量比较高，很多客户不询问客服直接就申请退款了。这表明店铺的商品质量或使用上有较严重的问题，客户不满意的比例较高。店铺后期应该大力调研客户对商品不满意的原因，并进行改进。

➤ 客服退款率约为 4%（43÷1179×100%），远低于店铺总退款率（23%），这说明客服的工作是卓有成效的，因为经过客服的工作，很多本来想退款的客户都改变了主意。

正常的情况下，客服退款率总是小于店铺总退款率的，如果不是这样，说明客服劝说客户不退货的工作没有做到位，需要寻找原因，有针对性地进行二次培训，以期改善这个现象。

5.5 分析响应速度

在导致客户流失的各种原因中，"客服回答太慢"这一因素占有一定的比重。客户进店咨询，都希望自己的问题能够马上得到回答，否则就会逐渐失去耐心，直至离开去其他店铺进行咨询。由此可见，客服对咨询的响应速度较慢，其转化率通常也是较低的，所以响应速度常常被列入客服 KPI 考核指标，通过对该指标的考核提高询单转化率。

5.5.1 合理的响应速度

客服响应客户的速度主要包括首次响应时间和平均响应时间。客服首次响应时间指的是客服从收到客户的咨询信息到第一次回复客户的间隔时间。客服首次响应时间通常应控制在 10 秒以内。客服平均响应时间指的是客服与客户的整个交流过程中，回复客户问题的时间的平均值。平均响应时间通常应控制在 16 秒以内。

　　客服应努力提高响应速度，迅速解决客户对商品的疑问，客户才不至于因为不耐烦而流失。例如，某客户对某商品的发货时间存疑，向客服发起询问。

【实例 4】

客户： 在吗？请问下你们那里发伊犁几天能到？我想买你们的多功能电笔，急着用。

客服： 亲，您好！发往伊犁的比较少，我马上替您查询一下，请稍等。

客户： 好的。

客服：（15 秒后回复）刚问了快递公司　不出意外的话，从我们这里发出，一般 5 天就能到伊犁。

客户： 可以，那我就拍了。

　　案例中，客服迅速完成查询工作并反馈给客户，在客户失去耐心之前促成了订单。反之，如果客服隔上几分钟才回复客户，甚至因为忙碌而忘记回复客户，其结果可想而知。

5.5.2　影响响应速度的原因及解决思路

　　客服响应速度和客户转化率息息相关，因此被计入客服工作考核要点。响应速度较慢的客服应寻找自身不足，并进行改进。那么，影响客服响应速度的因素主要有哪些呢？如图 5-4 所示，影响客服响应速度的因素包括服务意识、业务知识储备、打字速度和快捷回复。

　　➢ 服务意识。客服应具备基本的服务意识，除特殊情况（如正在接待的客户较多，的确无法及时回应）以外，客服应积极、快速地回复客户消息。例如，新上岗的客服没有服务意识，不想接待太多客户，收到信息时，故意慢回复或不回复客户，导致客户流失。针对这种情况，客服主管应对客服进行多次培训，强化其服务意识。

图 5-4　影响客服响应速度的因素

➢ 业务知识储备。客服的业务知识储备包括上岗前业务知识培训、商品培训和店铺活动培训。例如，客服只有在熟悉商品的尺寸、颜色、材质等属性的前提下，才能在客户询问相关问题时，快速响应客户。对于业务知识储备不够的客服，客服主管应定时培训并考核，根据考核结果进行奖惩，以增加其业务知识储备。

➢ 打字速度。客服的响应速度和打字速度也息息相关。对于打字慢的客服，客服主管可用打字测试软件定期测试客服的打字速度和错误率，以此来提高客服的打字速度。一般客服合格的打字速度应在 65 字/分钟以上。

➢ 快捷回复。有的客服仅仅设置了最基本的几条快捷回复，有的甚至没有设置，这就导致其响应速度相对较慢。客服主管应对客服的快捷回复设置进行检查，看看是否涵盖了大部分常见问题。也可以对客服的聊天记录进行检查，根据其快捷回复的使用情况进行指导。客服主管也可以制定统一的快捷回复，让每位客服设置并使用。

如图 5-5 所示，客户在发出"快递"关键字时，客服设置的关于商品快递的快捷回复信息即可自动弹出，不仅详细说明了默认发送的快递，还说明了补运费发送的快递以及不可退货的情况。客服还可以设置自动回复，客户只需点击任意问题（这里以运费险为例），都可弹出相应的答案，如图 5-6 所示。设置快捷回复的方法可参阅第 3 章 3.2.2 小节的内容。

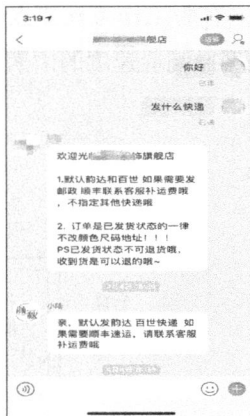

图 5-5　检测关键字的快捷回复

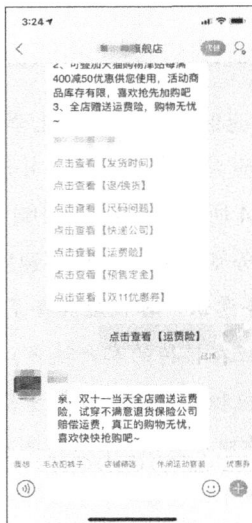

图 5-6　选择关键字的快捷回复

5.6　实践与练习

1. 列举 5 种提高客服客单价的方法。

2. 如表 5-7 所示，某店铺 1 月的平均客单价为 80 元，平均退款率为 5.12%。查看客服数据，分析客服的客单价和退款率是否达到店铺标准。若存在需改进的地方，请给出改进建议。

表 5-7　某店铺 1 月客服的销售量、客单价、退款量统计明细

客服	客服销售量 / 件	客服客单价 / 元	退款量 / 件	是否改进	改进建议
甲	230	98	9		
乙	223	99	7		
丙	245	91	9		
丁	252	93	20		

第6章

客户关系管理

客户是店铺的经济来源，也是店铺的服务对象，客户关系管理自然会受到商家的重点关注。客服作为与客户打交道的主要岗位，不仅要负责接待客户，处理客户投诉等工作，还要对客户进行关系管理，向客户提供个性化的客户交互和服务，从而提高客户满意度和忠诚度，进一步夯实店铺的经营基础。

6.1 认识客户关系管理

作为一名客服，必须正确、全面地了解客户关系管理（Customer Relationship Management，CRM）的相关知识。在客户关系管理学中，客户指的是愿意购买商品或服务的个人或组织。通过管理客户与商家的关系，可以提高客户对商家的满意度和忠诚度。在电商平台中，客户关系管理往往通过客服来完成，而不另设部门。

6.1.1 什么是客户关系管理

客户关系管理既是一种可以在企业中推行的管理理念，也是一种可以操作的管理机制，它需要管理软件和信息技术等的支持，才能实现吸引新客户、保留老客户、将已有客户转化为忠实客户，提高企业销售业绩的目标。

➤ CRM 是一种管理理念。CRM 核心思想是将商家的客户作为最重要资源，而不是传统地把商品或市场作为中心。通过完善客服服务来满足客户需求，实现客户的终生价值。

➤ CRM 是一种改善商家和客户关系的管理机制。CRM 的实施离不开商家的销售、服务与技术支持，需要售前客服、售后客服、运营人员、库房人员、采购人员的支持与配合。

➢ CRM 需要管理软件和信息技术等的支持。CRM 需要商业实践与数据挖掘、数据仓库等信息技术整合在 CRM 软件中进行实现。一个常用的 CRM 软件如图 6-1 所示。

图 6-1　CRM 软件界面

6.1.2　客户关系管理在电子商务中的重要性

客户关系管理起源于 20 世纪 80 年代的"接触管理"，其宗旨是收集整理客户信息，分析客户喜好和需求，为客户提供更好的商品与服务，以此提升企业的经营效益。客户关系管理的作用体现在图 6-2 所示的几个方面。

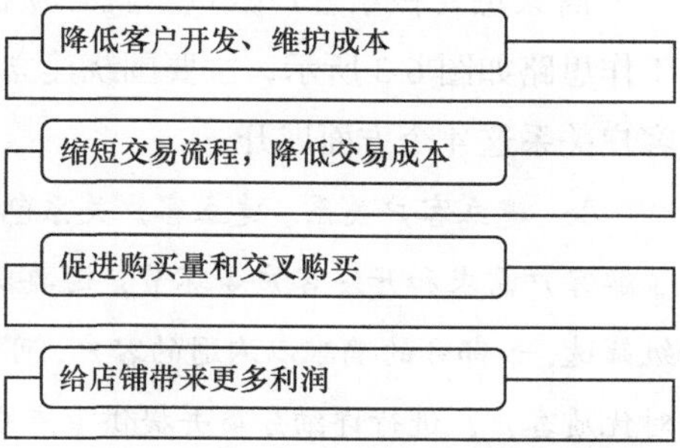

➢ 降低客户开发、维护成本。增强老客户对商品、店铺的信任感，通过情感维护，保持老客户在店内消费的习惯，节省向老客户进行宣传、促销的费用。同时，好的客户关系能促使老客户自主地分享店内商品，通过口碑效应，降低开发新客户的成本。

- 降低客户开发、维护成本
- 缩短交易流程，降低交易成本
- 促进购买量和交叉购买
- 给店铺带来更多利润

图 6-2　客户关系管理的重要性

➢ 缩短交易流程，降低交易成本。当客户和店铺形成稳定的伙伴关系和信用关系后，客户熟悉店内购物流程，可省去部分询问环节和讨价还价环节。例如，客户长期在店内购买日用品，已熟知店内商品发货时间、常用快递等信息。在选购商品时，可省去询问客服关于物流的环节。而且作为老客户，清楚每次代金券的领取页面和使用门槛，几乎不用找客服询问。

➢ 促进购买量和交叉购买。客户关系管理可增加客户对店铺的信任度，因而购买的商品金额和数量可能更大。例如，客户长期在店内购买一款卫生纸，在他信任该商品和店铺的前提下，他可能在公司采购中，同样选择该店内的该款卫生纸，生成大额订单。客户关系管理还可能促使客户交叉购买，如某客户长期在店内购买上衣，当他需要购买裤子时，可能优先考虑来店内看看裤子。

➢ 给店铺带来更多利润。客户关系管理使店铺有相对稳定的客户群体，能稳定销售，降低经营风险。另外，好的客户关系，会使客户充分信任店铺，从而降低对商品价格或服务价格的敏感度，使店铺获得更多利润。例如，一名新客户关注店内的某款雨伞，由于价格偏高，可能会有所犹豫；但如果一名老客户对店铺商品的质量足够信任，那他可能会忽略高价（不是特别高）而进行购买。

由于互联网技术的出现，客户关系管理方法得到了全面的更新，对电商商家来说，客户关系管理也变得更为重要，因此电商客服应精通客户关系管理，而不应只掌握答疑、促单等沟通技能。

6.1.3　客户关系管理的工作思路

商家想要积累客户数量，就必须积极培养和建立客户关系。具体的客户关系管理工作思路如图 6-3 所示，主要围绕建立客户关系、维护客户关系、挽回流失客户和研究客户关系这 4 个方面展开。

➢ 建立客户关系。建立客户关系包括认识客户、了解客户需求和开发客户等环节，还要对客户进行初级筛选，如部分的确难以沟通的客户，可以直接排除；对优质客户，进行详细分类并提供重点服务。

➢ 维护客户关系。维护客户关系包括掌握客户基本信息，与客户沟通互动，对客户进行分级，提高客户忠诚度等。例如，某客户一次性购买 50

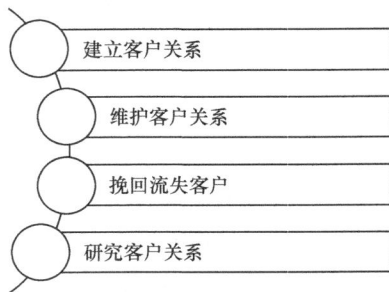

图 6-3　客户关系管理的工作思路

多套小学三年级练习册，基本可以判断此人为小学老师或是其他与小学教育相关的人员，在沟通互动中确定该客户为某小学学生家长代表，平时负责购买全班同学的学习用品、练习册等物品。客服可将该客户划分为重点客户，赠送礼品加深对方对店铺的印象。

➢ 挽回流失客户。在客户与商家关系破裂，或长期未再回购的情况下，尽量挽回客户。例如，多次在店内购买某款商品的客户，很久没再到店内购物，客服可借助节假日或新品上新等时机，主动联系客户，询问原因及改进建议，重新取得客户信任。

➢ 研究客户关系。根据商品特点，勾画目标人群画像，再研究这类人群的喜好和维护关系时应注意的要点。例如，商品为中年男性冲锋服，目标人群为 30～40 岁的中年男性，这类人平时喜欢登山、钓鱼等休闲活动，可根据这些特点来制定关系维护策略。

6.2　管理客户关系

服务决策的基础是客户信息，要做好客户关系管理，首先应建立客户信息档案库，将客户进行分级，并分别制定营销策略，才能合理配置服务资源，让客户产生更多的效益。而对临近流失和已经流失的客户，则应进行挽回，减少服务成本损失。

6.2.1　建立客户信息档案库

俗话说"知己知彼，百战不殆"，在做好客户关系管理之前，先收集客户信息，并建立相应的档案库，在维护关系时才能做到有的放矢。例如，某母婴商品企业在天猫旗舰店开店之前，先收集了怀孕 6～8 个月的孕妇的数据。根据数据显示的育儿需求制定了一套营销方案，即一边用企业微信公众号为孕妇们提供育儿教育服务，另一边进行商品促销活动。

不少电商平台都提供了相应的数据，如在淘宝平台的商家，可在后台管理中的"客户运营平台"中查阅成交客户、未成交客户、询单客户的交易额、交易笔数、最近交易时间等数据，如图 6-4 所示。

图 6-4　淘宝平台的客户运营平台

在获得客户信息后，可在相应平台建立客户信息档案库，如淘宝平台可在"客户管理"下的"客户分群"中将店内所有客户进行分类管理。除了在平台内进行管理，也可单独将客户信息导入到 Excel 表格里进行整理与统计，便于今后查阅。

在建立客户信息档案库时，需重点整理的指标有最近一次消费时间、消费频率、消费金额和平均消费额，如图 6-5 所示。

客户信息档案库中各指标的考核意义如表 6-1 所示。

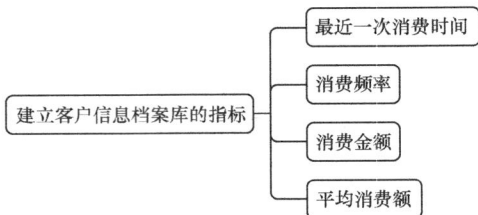

图 6-5　建立客户信息档案库的指标

表 6-1　客户信息档案库中各指标的考核意义

指标名称	重要内容
最近一次消费时间	消费时间是维护客户关系的重要指标，可以从中反映客户的忠诚度。例如，近期消费的客户，比一年前消费的客户更好维护。最近消费时间离现在较久，说明该客户需要"唤醒"
消费频率	消费频率指的是客户在一定时间内购买商品的次数。消费频率越高的客户越好维护
消费金额	消费金额指的是客户购买店内商品的金额。这里需要对比的金额不是客户之间的消费金额，而是单个客户近几次的消费金额。例如，某个客户第一次在店内消费金额为 300 元，第二次消费金额为 350 元，第三次消费金额为 380 元，但第四次下降到了 50 元，说明其中可能存在问题，需引起客服的重视
平均消费额	平均消费额指的是客户在一段时间内的消费总额与消费次数的比值。例如，半年内甲客户在店内消费总额为 1000 元，消费次数为 5，平均消费额 =1000÷5=200（元）。客户的平均消费额可侧面说明客户结构，从而帮助商家认清目前的客户规模和市场大小

6.2.2　根据客户价值将客户分级

每个客户能为店铺带来的价值（利润贡献）不同，而店铺的资源又有限，因此，店铺需要根据不同价值的客户分配不同的资源。根据客户产生的价值大小，电商平台中的客户可分为关键客户、普通客户和小客户，如表 6-2 所示。

表 6-2　电商客户分类

客户类别	分级信息
关键客户	属于核心客户，数量在总客户中约占 20%，利润贡献率约占 50%，是重点维护对象
普通客户	属于重要客户，数量在总客户口约占 30%，利润贡献率约占 30%。这个群体数量较大，但购买力和忠诚度远不如关键客户，属于次重点维护对象
小客户	属于一般客户，数量在总客户口约占 50%，利润贡献率约占 20%。这个群体购买量小，基本没有忠诚度可言，属于无须特别关注的对象

从表 6-2 中可以看出，客户数量和利润贡献率是呈倒三角关系的，如图 6-6 和图 6-7 所示。由此可见，客服应为关键客户提供最优质的资源和服务，让这部分客户为店铺贡献更好的经济效益。

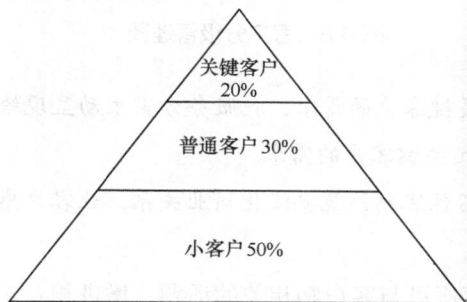

图 6-6　客户数量金字塔

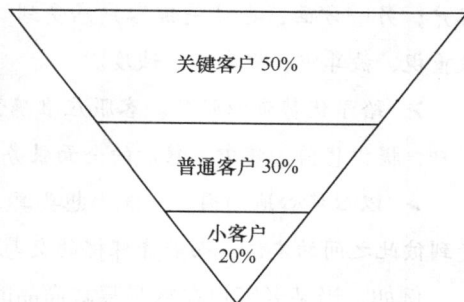

图 6-7　客户利润贡献金字塔

6.2.3　管理各级客户

不同等级的客户为店铺带来的利润贡献不同，因此应该对不同等级的客户设计不同的关怀项目。例如，关键客户为店铺贡献 50% 的利润，应该为这类客户提供最上乘的服务，给予特殊关怀，提高这部分客户的满意度，维系他们对店铺的忠诚。对于普通客户，由于这是数量最大的一个群体，因此应提供适宜的服务，努力将其部分客户转化为关键客户。

而部分小客户，如果其性价比不高，可以考虑不投入服务管理成本。

如图 6-8 所示，客服应将分级管理落到实处，针对不同客户制定不同的服务策略。

1. 关键客户

关键客户是店铺利润的主要来源，也是店铺发展的重要保障。在管理这类客户时，重点使用以下服务策略。

➢ 成立专人服务组。很多店铺对关键客户都很重视，经常由客服主管或专门的客服小组为这部分人服务。一方面，避免新客服不熟悉业务而得罪关键客户；另一方面，也让关键客户感受到被重视、被尊重，提高其忠诚度。

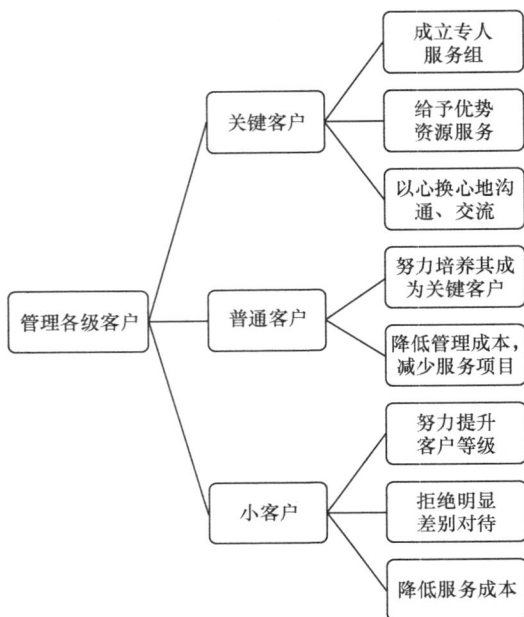

图 6-8　客户分级管理图

➢ 给予优势资源服务。客服应准确预测关键客户的需求，把服务方案主动呈现给客户，提供售前、售中、售后的全面服务，满足关键客户的需求。

➢ 以心换心地沟通、交流。想要真正地留住客户，就要淡化商业关系，让客户感受到彼此之间的友情，而非赤裸裸的交易关系。

例如，当某老客户在购买某款商品时，客服可与客户聊相关的话题，增进相互之间的了解，淡化商业关系。

【实例 1】

客户：裙子我拍了，尽快给发货哟。

客服：好的，王姐，我待会亲自去交代库房帮您打包。买新裙子是又准备去旅游吗？上次您在群里推荐的 ×× 山景点，看起来好漂亮呀！

客户：哈哈，你猜对了。情人节我调休了 3 天，打算和老公出去玩一趟。上次去的那

个 ×× 山是个小众景点，人少景美，空气很好。你有时间也可以去走走。

客服： 真羡慕您和您老公，情人节过得好浪漫。我最近就是打算去 ×× 山景点呢。对了，那里有没有什么美食啊？有的话给我推荐一下吧，我想旅游美食两不误。

客户： 我上次在贴吧写了一篇游记，网址是 ××××××××，详细记录了我们一行人的花费、住宿、景点和饮食，×× 山景点也包括在内。你有时间可以去看看。

客服： 好的，谢谢推荐。

客户： 不客气的。你有什么好玩的地方也可以推荐给我，我们周末就喜欢出去走走，看看风景。

客服： 好的。有时间在群里分享外出旅游的照片呀，让我这种加班族过过眼瘾。

2. 普通客户

根据普通客户为店铺创造的利润和群体数量，商家需要做的是提升客户级别和控制服务成本。

➢ 努力培养其成为关键客户。对于有潜力升级为关键客户的普通客户，客服可以通过引导、创造、增加客户的需求，使其加大购买力度，提高对店铺的利润贡献率。例如，某客户半年内在店内购买次数超过 10 次，但是每次的客单价都不高，这说明他信任店内商品，只是由于某些原因导致客单价较低。针对这种情况，可以配置专门的客服进行回访，询问最近需求，并在原来的优惠上再给予更强有力的优惠，刺激购买，提高客单价，从而使其发展为关键客户。

➢ 降低服务成本，减少服务项目。针对完全没有升级潜力的普通客户，采取基本的"维持"战略，不在这部分客户身上增加人力、财力、物力等投资，甚至减少促销，降低交易成本。例如，乙客户半年内在店内购买次数超过 10 次，退货次数超过 5 次，且给的中差评很多。客服经过沟通发现，该客户喜欢占小便宜，基本都选在活动时购物；同时，又很爱挑毛病，即使是低价购买也要找小问题向客服索要赔偿款。针对这类客户，可以缩减对其服务的时间、项目和内容，甚至不给予太多的优惠折扣。

3. 小客户

小客户在利润贡献上是最小的一个群体。但也不能忽视对小客户的管理，应尽量提升小客户的集体贡献。

> 努力提升客户等级。客服应筛选出有升级潜力的小客户，对其进行重点关心和照顾，挖掘其购买能力，将其提升为普通客户甚至关键客户。

> 不要进行明显差别对待。部分没有升级潜力的小客户，会被某些店铺明显差别对待，如一直用机器人回复小客户消息。实际上，这种做法根本没有必要，如果在服务和折扣上，让客户感觉明显地被差别对待，则客户会在评论区或其他社交网络平台上对店铺进行不好的口碑评价，这样反而得不偿失。

> 降低服务成本。压缩、减少对小客户服务的时间。例如，对普通客户可以每周发一次慰问短信，而对小客户可调整为每月一次。

6.2.4　挽回流失的客户

客户流失指的是客户不再到某家店铺购买某类商品或服务，而转向购买其他店铺的同类商品或服务的现象。在电商环境中，商品和服务的差异化日益减少，市场上出现大量雷同的商品和服务，客户的选择面也比较大，因此当客户对店铺有所不满时，可以轻易找到替代的店铺，导致客户流失变得越来越容易。一旦出现客户流失，客服应尽力进行挽回。一般来说，挽回工作需从 4 个方面着手：找准客户流失的原因、辩证看待客户流失、区别对待流失客户、实施挽回措施。

1. 找准客户流失的原因

一般来说，客户流失主要是由两方面的原因引起的：店铺原因和客户自身原因。店铺原因可由商家自行分析得出，并做出相应调整。但是由于客户自身原因造成流失的，商家是无法改变的。

如图 6-9 所示，由店铺造成客户流失的原因主要包括商品质量问题、服务态度问题、功能夸大问题和商品落后问题。

> 商品质量问题。如果客户到手的商品质量没有达到客户的预期，往往就会造成客户流失。

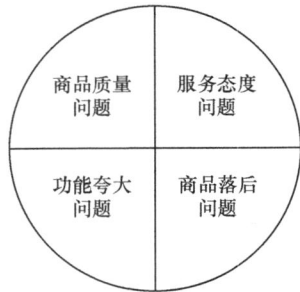

图 6-9　由店铺造成客户流失的原因

➤ 服务态度问题。客服在接待客户的过程中，如果言语或行为没有达到客户的预期，则会导致客户不满，进而造成客户流失。

➤ 功能夸大问题。如果在详情页中对商品的功能夸大，客户收到实物后可能会感到失望，从而造成客户流失。

➤ 商品落后问题。任何商品都有生命周期，如果商家提供的商品不能与时俱进，客户自然会去寻找更新的商品，进而造成客户流失。

另外，造成客户流失的原因还包括忠诚客户获得的奖励少、对店铺不够信任以及没有依赖感等。在客户流失后，客服应认真分析造成客户流失的主要原因，并及时做出调整。

2. 辩证看待客户流失

客户流失自然对店铺的发展不利，但有的流失是不可避免的。商家应辩证看待客户流失，调整好心态。

重复购买的客户流失，为店铺带来的负面影响自然是极大的。不仅是失去这位客户的利润、成交数、评价，而且还有可能因为这位客户的负面评论动摇其他客户的购买欲望。

在高度同质化的电商环境中，对客户而言，流动的风险和代价越来越小，所以流动性也就越来越大。无论是新客户，还是老客户，都有可能流失。所以，管理人员不应该制定类似"零流失"的目标，因为即使客服付出极大努力可能仍然无法挽留住该类目标客户，反而会让客服抵触挽留工作，这样就适得其反了。

但流失客户也不是不可能被挽留的。研究表明，向 4 名流失客户销售商品，其中有 1 名可能成功。因为流失客户毕竟在店内有过消费记录，了解商家的商品质量和服务，只要解决他们对商家的误会就可能被挽留。但若部分客户是由于商品质量存在严重问题而造成流失的，这类客户则不容易再挽留。

3. 区别对待流失客户

前面提到过，客户有等级之分。关键客户对店铺利润贡献度大，一旦流失会造成严重后果；可小客户毕竟对店铺贡献小，偶尔流失也是可以理解的。所以，商家需要区别对待流失客户。

> 尽力挽回关键客户。关键客户是商家的重点维护对象，一旦发现流失，一定要在第一时间内找准流失原因，并给出解决方案，而不能任其流向竞争对手。

> 努力挽回普通客户。普通客户是数量庞大且最有可能发展为关键客户的一个群体，其购买量也仅次于关键客户。所以，商家也要努力挽回普通客户，让其继续到店购物。

> 有限挽回小客户。小客户价值低，数量小且零散，有时对商家的要求又比较繁杂。针对这类客户，可先进行冷处理，再使用最小的人力、物力去挽回。如果要付出较大的代价才能挽回，那宁可放弃。

4. 实施挽回措施

在客户流失后，客服应及时分析其流失的原因，再对症下药。例如，某普通客户近半年内在店内重复购买 3 次蜂蜜，前两次都给予了高度评价，第三次却在收货后联系客服说蜂蜜和前两次的不一样，要求退货，遭到拒绝，因此流失。

针对这种情况，正确的处理方法为：查找第三次蜂蜜和前两次有差别的原因，并及时联系客户，告知蜂蜜有差别的原因，并替之前拒绝客户退货的客服道歉，同意退换货并赠送小礼物，希望得到客户的谅解。

【实例 2】

客服： 亲，您好，我是 ×× 店的客服主管 ××。抱歉耽误您两分钟的时间，和您沟通一下上次退货的事。

客户： 有什么好谈的？你们卖假货还不准退货。

客服： 首先替上次接待您的客服 ×× 向您道歉，她是新来的实习生，对处理退换货的流程不是很熟悉，惹您生气了。我们这边已经对她做了处罚和业务培训，相信以后不会再发生类似的问题了。

客服： 看了您的购买记录，您是第三次在咱家购买蜂蜜了，谢谢您的认可和支持。近期您购买的蜂蜜反馈说是色泽偏白，和之前的差别明显，需要退货。可能是我们客服没讲清楚，您前两次购买的是荔枝蜜，颜色为琥珀色；这次您购买的是活动款云南雪蜜，这款蜂蜜古名为勺子花蜜，主产于云南，因其结晶时如雪如脂而得名。所以两款蜂蜜的产地、颜色等方面都有差别，您收到货后感觉有差别才是正常的呢。

客户： 哦，是这样啊。那我还是不想要雪蜜，我退货换成荔枝蜜不行吗？我觉得荔枝蜜好。

客服： 您应该也发现了，您购买雪蜜的价格远低于荔枝蜜。这是我们专对老会员做的回馈活动，只有老会员购买雪蜜对才能享受这个价格，是十分划算的呢。如果您执意要退，我们还是尊重您的选择，但雪蜜没有商品质量问题，需由您自行支付换货的邮费；如果换成荔枝蜜的话，还需要补28元的差价。雪蜜也不错的，自带花香，可冲温水饮下，比一般蜂蜜含有更多的葡萄糖、果糖、维生素等，具有补血、润肺、止咳、消渴、足进细胞再生、增加食欲和止痛等多种疗效。而且活动结束后，雪蜜就恢复正价了，要比现在的价格贵好多，活动后购买没有现在购买划算。

客户： 那算了吧，我不退了。

客服： 好的，亲！为了弥补我们的服务不周，我这边为您申请了一张5元代金券，可在下次购物时直接抵扣。

客户： 行，谢谢。

案例中，客服主管找到客户流失的原因：客户对商品有误解，对服务不满。客服主管在对话中提到"老客户专享价""代金券"等奖励，让客户感到被重视，又有利益吸引，自然愿意回购。

6.3 客户满意度管理

客户满意度是指客户的需求被满足后形成愉悦感的程度。客户满意度是客户的主观感受，并没有一个可以直接量化的指标，然而客户满意与否可以通过客户流失、商品好评率等数据进行观察，并找出问题有针对性地进行调整。

6.3.1 电商客户满意的重要性

让客户对商品及售前、售后等服务满意，是电商运营的重要目标。客户只有在认可商品的前提下，才会给予正面评价，以及自发帮助宣传、推荐给更多好友。所以，客户满意度对店铺而言有着重要意义。

➢ 客户满意是店铺取得长期发展的必要条件。曾有数据表明：平均每个满意的客户会把他满意的购买经历告诉至少 12 个人；而每个不满意的客户会把不满意的购买经历告诉 20 个人以上。而且在电商平台中购物，很多客户都会习惯性地参考其他人给出的评价。如图 6-10 所示，一个商品的评论中，好评数量多会激起其他人的购买欲望，加大商品销量。

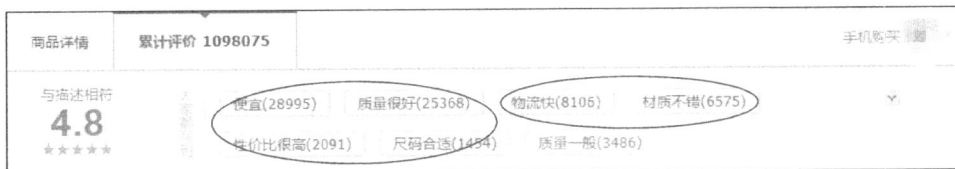

图 6-10　客户评论截图

➢ 客户满意是战胜竞争对手的必要手段。随着电子商务市场的扩大，客户在购物时有了更宽阔的选择空间，和竞争对手之间拉大距离的其中一个关键因素就是客户满意度。谁能更有效地满足客户需要，让客户满意，谁就更有竞争优势，从而战胜竞争对手。

➢ 客户满意也是客户忠诚的基石。只有让客户满意的商品，客户才会回购。客户多次认可后，才有可能发展成为忠实客户。

➢ 客户满意是维护客户关系的重中之重。在电商市场中，没有哪个店铺可以在客户怨声载道的状态下得到发展。所以，想要维护客户关系，必须努力让客户满意。而客服又是让客户满意的重要职位。客服要在主管的领导下，努力提高客户的满意度。

6.3.2　电商客户满意的影响因素

在考虑如何让客户满意时，一般都会认为是尽可能为客户提供最好的商品和服务。这是正确的，但还有些隐含因素需要考虑，如成本、效益，以及对"最好"的定义。如果过分偏向于让客户满意，而不考虑各种显性及隐性的成本，那么有可能出现客户满意但店铺盈利较少的尴尬情况，这就要求在客户满意与付出成本之间取得平衡。要取得平衡，首先需要知道影响客户满意的因素有哪些，才能把握好平衡的尺度。

经研究，客户满意主要体现在客户预期和客户感知价值两个方面。

1. 客户预期

客户预期指的是客户在购买商品、服务之前，对商品的价值、品质、服务等方面的主观认识或期待。客户预期对满意度的影响尤为明显。例如，某客户在查看某款大衣时，通过主图、主图视频、详情页的图文描述以及其他客户评价，客户预期收到的应该是一件款式独特、用料讲究、工艺精湛的大衣。结果在收到货后，发现大衣材质一般，其款式在大街上随处可见，做工也比较粗糙，客户自然会感到不满。但如果这位客户在查看信息时，预期就是一件很普通的大衣，但收到货后，发现大衣其实有很多不错的地方，物超所值，自然会对大衣有着极高的满意度。

这个例子说明，商家提供的商品或服务达到客户预期，那么客户就会满意；反之，客户就会感到不满意。所以，这里先了解一下，影响客户预期的因素有哪些。

➢ 客户的消费经历。客户往往会把商品与之前的消费经历相比较。例如，同一款短靴，对于时尚达人来说，就是很普通的款式；对于刚会网购的人来说，可能就是很新颖的款式。不同的人有不同的消费经历，且这个因素也不是商家能改变的，可以说是一个无须过多关注的因素。

➢ 详情页的描述。商品的详细信息都由详情页展现，如其中对于商品的描述或图片展示过于夸大，可能导致客户对商品产生过高的预期，从而导致差评。所以，在描述商品详情时，也要注意从实际出发。

➢ 奢华包装。部分商品本身价值不高，但由于商品包装方面过于奢华、精美，让客户对商品的预期值升高，开箱后造成失望。所以，商家在选择包装时，应和商品价值相匹配，过高或过低都不利于客户给予正面评价。

综上所述，为了给客户设置一个合理的客户预期，商家要注意详情页的描述和包装的选择，掌握一个合适的度，适当美化可以，但不要过度夸张。

2. 客户感知价值

客户感知价值指的是客户在购买商品的过程中，商家提供的商品的真实价值，以及客户感受到的服务的价值之和。商品价值和服务价值不相冲突，甚至可以说相辅相成。

例如，某客户购买一把遮阳伞，在选购时，客服详细询问客户的需求，为之推荐款式和颜色，并主动为客户发送物流信息，让客户感到商家服务很贴心。在客户收到实物后，发现遮阳伞的遮阳效果极佳，体型小且便于携带，性价比又高。这就体现出了商品价值和服务价值，客户自然很满意。

对于客服而言，不能过多干预商品价值，但是在服务价值上，则有很大的提升空间。例如，服务态度上更加积极主动，对客户的情绪变化更加体察入微，从而及时调整销售策略等。总之要让客户感受到商家的用心服务，从而提高对商品的满意度。

6.3.3　提高电商客户满意度

既然客户预期和客户感知价值两方面是影响客户满意度的关键所在，那么，如果商家能掌握、引导客户的预期，就可以用最小的代价让客户满意。这就是提高电商客户满意度的基本思路。

1. 把握好客户的预期

如果客户对某件商品、服务预期过高，在得到实物、服务后就会感到失望，导致客户不满。但如果客户对某件商品、服务预期过低，可能连购买欲望都没有。所以，客户预期过高、过低都不是好事，商家应把握好客户的预期度。

前面提到过，影响客户预期的因素有很多，其中有可控和不可控之分。例如，客户以往的消费经历、价值观、需求、爱好、习惯等因素都属于不可控因素，商家不能做改变。但是部分因素是可控的，如商家的宣传、包装等。

所以，作为商家，应对可控因素进行调控，如不过度宣传、制定合适的价格、做适宜的包装等。

➢ 不过度宣传。在吸引流量的同时，也要注意宣传度。例如，某款茶饮有清肠胃的功效，不能为了吸引流量，直接在主图中说这是一款减肥效果极佳的茶饮。

➢ 价格和包装。商家可通过制定合适的价格来影响客户预期。例如，商品质量上乘，可以通过制定高价来形成客户高期望。包装是影响客户预期的重要因素。例如，普通保温杯就是一个纸盒包装，如果某款保温杯特地采用木质礼盒装，自然也能引发客户的高度期望。商家在选品后，考虑到客户对该商品的预期度，就应该考虑好合适的定价和包装等因素。

2. 提升感知价值

提升感知价值可以从增加客户的总价值，如商品价值、服务价值；以及降低客户总成本，如货币成本、时间成本等方面着手。总之，要让客户获得的总价值大于付出的总成本。细分下来，提升感知价值可以从以下几方面着手。

➤ 提升商品价值。归根结底，商品本身才是影响客户感知价值的重中之重，如果商家为了节约成本，选取劣质商品出售，那再多的增值服务都是无用功。所以在选品时，一定要注意在节约成本的同时，重点考虑商品的质量。此外，在包裹里赠送小礼物，也可以提升商品的总体价值。

➤ 提供定制商品或服务。商家可通过提供特色的定制商品、服务来满足客户需求，提升客户的感知价值，从而提高客户的满意度。例如，商家可免费帮客户在茶杯上刻字。

➤ 塑造品牌。品牌可以提升商品价值。例如，客户认准一个品牌的商品，在购物时直接进入店铺选购、下单即可，节约了客户的时间成本、体力成本，从而提升商品感知价值。

➤ 提升服务价值。提升服务价值是客服的工作。为客户提供良好的服务，得到客户的认可，自然能提升客户对商品的感知价值。

➤ 降低货币成本。合理制定商品价格也是提高客户感知价值和满意度的重要手段。商家还可以通过合理打折、满减等手段，让客户提高满意度。

➤ 降低客户的时间成本。在客户购物时，客服询问其需求后，为之精准推荐合适的商品，可以节约客户的时间。

➤ 降低客户的体力成本。这一点在大家电、家具等类目中比较重要。如果商家为客户提供送货上门和安装调试等服务，可降低客户的体力成本，让客户获得更高的感知价值。

总之，要让客户满意，就需要在准确把握客户预期的基础上，让客户感到商品实际价值超越预期价值，自然就会有较高的满意度。

【实例3】

某店销售一款主打情侣礼物的床头台灯，考虑到情侣之间的爱意，商家特为该款台灯的几个样式起名为"一生一世""白头偕老"和"执子之手"，价格也定位在52元、

99元、131.4元等含有特殊意义的数字价位，还提供免费刻字服务；更享受买一对台灯送情侣水杯的福利，这些举措给客户留下了深刻的印象，不少客户都留言表示"物超所值""非常满意"。

6.3.4　衡量电商客户满意度的指标

一般情况下，商家可通过好评率、回购率、退货率、投诉率、购买额、价格敏感度等指标来衡量客户满意度，如图6-11所示。

这些客户满意度衡量指标的考查意义如表6-3所示。

图6-11　衡量客户满意度的指标

表6-3　衡量客户满意度的指标

指标名称	考查意义
好评率	每个交易完成后，客户都可以进行评价。如果客户没有主动给予评价，很多平台会自动给予交易好评。对于商家而言，查看客户是否满意的指标之一，就是查看该商品的好评率。好评率越高，说明客户满意度越高
回购率	客户只有在认可一个商品后才会回购。商家可通过查看该商品的回购率来判断该商品在客户心中的满意度。回购率越高，说明客户满意度越高。当然，一些高价值的商品回购率是很低的，这些商品无法以回购率来衡量客户满意度
退货率	一个好的商品，客户是不会选择退货的。只有商品达不到客户心理的预期，客户才会选择退货。所以，商家可通过统计退货率来判断该商品在客户心中的满意度。退货率越高，说明客户满意度越低
投诉率	如果商品在某段期间内投诉率特别高，说明较多客户不满意该商品。客户投诉率越高，说明客户对店铺或商品的满意度越低
购买额	购买额指的是一段期间内，客户购买店内商品的总额。一般而言，客户购买额越高，客户满意度也就越高
价格敏感度	价格敏感度指的是客户对某个商品或服务的价格承受能力。价格承受能力越强，则满意度越高。例如，某款水杯平时活动价为98元，在恢复原价108元时，客户仍然回购，则表明该客户对商品价格承受力较强；反之，一旦涨价就流失的客户，其对商品价格承受力较弱

以上指标在不同时间内、不同的商品上有不同的数据表现，也说明了客户满意度是一种暂时的、不稳定的心理状态。因此，商家应经常考查这些指标，一旦发现问题，及时改善。

6.4　客户忠诚度管理

客户忠诚度，也称为客户黏度，指的是客户对某一商品或服务产生了好感，形成依附性偏好，进行重复购买的一种趋向。忠实客户俗称"老客户"或"回头客"，是店铺最基本、可信赖的客户，是店铺长期发展所需的重要客户。如何提高客户忠诚度，是每个商家都应掌握的技能。

6.4.1　客户忠诚的重要性

如前所述，客户满意度对店铺而言，有着重要意义。实际上，客户忠诚度是建立在客户满意度之上的，所以更具有重要意义，具体体现在如下几个方面。

➢ 确保店铺的长久收益。客户忠诚度决定了客户重复购买的次数，重复购买次数越多，为店铺带来的销量和收益越多。

➢ 节约成本。主要体现在宣传成本、交易成本和服务成本上。忠诚的老客户自主找上门，省去宣传成本；忠诚的老客户对店内购物流程熟悉，基本不需要客服再做详细指导，节约交易成本和服务成本。

➢ 获得良好的口碑效应。多次回购的老客户对商品更具发言权，无论是自发推荐还是撰写好评，都能为商家拉来新的客户。

➢ 为店铺发展带来良性循环。随着客户忠诚度的提高，忠诚客户数量增加，商品的销量也会随之增长，店铺可获得更多收益，店铺能进行更多的营销活动，从而获得更多的忠实客户，形成良性循环。

客户忠诚度能确保店铺的长久收益，使店铺收入增长的同时节约成本、降低经营风险、提高工作效率，是商家可持续发展的重要因素。

6.4.2　建立和提高客户忠诚度

对于店铺而言，忠诚的客户是长期求利并保持竞争优势的根本。想要提高客户忠诚度，应先了解影响客户忠诚度的因素。如图 6-12 所示，客户忠诚度的影响因素主要包括客户的满意程度、客户因忠诚能获得的收益、客户的信任感和情感因素。

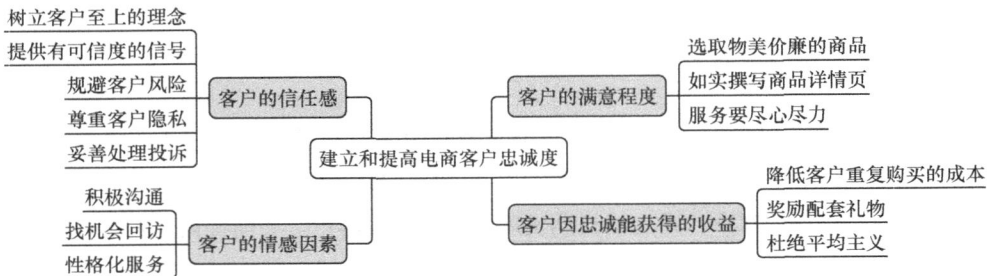

图 6-12　客户忠诚度的影响因素

1. 客户的满意程度

对商品感到满意是大多数客户对某个商品忠诚的前提，只有少部分特殊情况才会导致客户即使不满意也必须对商品"忠诚"（如客户不得不购买独家商品的情况）。总体而言，客户的满意程度越高，客户的忠诚度也会越高。所以，在考虑提高客户忠诚度之前，应考虑提高客户满意度。

商家在选品时，要选取物美价廉的商品，在撰写商品详情页时要实事求是，客服在服务客户时要尽心尽力，从多方面提高客户满意程度。

2. 客户因忠诚能获得的收益

客户在花钱购买某个商品或服务时，看中的是商品的价值。根据调查结果显示，客户也愿意与商家建立长久关系，主要原因是希望从中得到优惠和特殊关照。

但如果一个客户在店内多次回购某款商品，获得的福利待遇却不如新客户，那么这个客户很可能就会流失。所以，商家能否让客户因为忠诚而获得合适的收益，是决定客户是否忠诚的重要因素。

想要赢得客户忠诚，要用奖励方式让忠诚客户受益。至于如何奖励，应从多方面入手。

➢ 降低客户重复购买的成本。商家可采取各种奖励方式，如让客户一次性购买多个商品，则可享受各种优惠，从而降低客户重复购买的成本。典型的情况如赠送客户现金券，降低客户下次购买的成本，吸引客户重复购买。

➢ 奖励配套礼物。以老客户购买某个商品可获得礼物的方式进行奖励。例如，老客户购买某款蜂蜜，可赠送少量的蜂王浆。这样既让老客户感受到特殊待遇，又让客户品尝了新款蜂王浆。如果客户认可这款蜂王浆，可能后续会购买。

➢ 杜绝平均主义。在奖励时，不能统一奖励价值，即不能让所有客户都享受一样的奖励，而要按贡献大小区别奖励。例如，在店内购满 399 元的 VIP 会员，可享受全单商品 8.8 折的优惠；在店内购满 399 元的普通会员，可享受全单商品 9.3 折的优惠。

> **ℹ 提示　奖励的弱点**
>
> 　　长期用奖励来圈住客户的商家，也存在一些弊端。例如，多个奖励计划，让客户享受到越来越多的优惠，也提高了客户预期，使客户满意度下降；奖励计划操作简单，容易被竞争对手效仿，竞争对手之间都不断攀升奖励投入，导致商家营销成本上升，但维护客户的效果一般。所以，商家在用奖励维护客户关系时，要注意考虑成本和回报。

3. 客户的信任感

电商购物中存在一定的风险，如实物与商品图片严重不符、商品存在瑕疵、物流速度极慢、售后纠纷处理不及时等，因此，客户为了减小此类风险，往往会选择自己信任且长久交易的店铺购买商品。可见，信任是构成客户忠诚的关键因素。

商家想与客户建立信任感，就要杜绝以次充好、敷衍了事等行为。长期的客户信任可形成客户忠诚，商家提高客户忠诚度，应从增强客户对商家的信任感入手。

➢ 树立客户至上的理念。客服在服务客户时，要站在客户的角度去思考问题，解决客户的疑虑，提供能满足客户需求的商品或服务。

➢ 提供有可信度的信息。不管是商品详情页还是客服的信息传递，都要是真实可靠的信息，当客户认可并接受这些信息时，自然会增强对商家的信任。

➢ 规避客户的购物风险。客服要重视客户在购物过程中可能出现的风险，有针对性地提出保证和承诺，加以实际行动，减小客户的购物风险。

➢ 尊重客户隐私。不外泄客户的个人信息、购物信息等隐私，让客户有安全感，进而增强信赖感。

➢ 妥善处理投诉。客服如果能妥善处理客户投诉，解决客户疑虑，和客户做朋友，更容易得到客户的信任。

作为客服，是直接与客户建立联系的岗位，更要注重建立信任感，不要随意承诺。例如，客户询问某款祛痘产品是否真有效果时，客服应该从侧面说明祛痘效果。如"亲亲，大部分客户在使用我们这款产品的同时还做到了合理作息、清淡饮食，因此目前收到的反馈效果普遍都还不错。但是每个人的肤质不同、长痘原因也有差别，作息和饮食影响也很大，所以我们也不能完全保证效果一定是很好的。"

4. 客户的情感因素

情感是独一无二、难以替代的。当客户与店铺建立起情感，便很少再会被其他店铺的利益所诱惑。所以，很多客服主管要求客服在与客户交流的过程中注入情感，和客户做朋友，与客户建立起牢固的朋友关系，增加客户的忠诚度。

在和客户建立交易关系后，客服要善于寻找机会加强与客户的情感交流，这样才能增强客户对店铺的忠诚度。

➤ 积极沟通。客服在为客户选品时，要多问客户需求，并针对性地给予建议，让客户感受到一对一的暖心服务。

➤ 找机会回访。在客户购物后，不要坐着等客户再上门，客服应主动找上门去。如客户在店内购买某款蜂蜜，在3个月后，客服可通过旺旺、微信、电话等方式联系客户，询问蜂蜜的使用效果，让客户从心里感到被重视。

➤ 个性化服务。很多店铺的客服都是经过统一培训的，在交流时虽然彬彬有礼，但同样也没有什么特色，可以说是千篇一律。但是如果有一个客服在交流中表现出较为鲜明的特性，则比较容易被客户记住。

ⓘ 提示 用员工忠诚换取客户忠诚

商家在经营过程中，应加强员工管理，通过提高员工的满意度和忠诚度避免员工流失。只有员工百分百地信任商家，才有可能说服客户信任商家。这就是典型的用员工忠诚换取客户忠诚的运营策略。

6.4.3 客户满意度与客户忠诚度的关系

客户满意是客户忠诚的前提，但也不是满意就一定会忠诚。客户满意度和忠诚度之间的关系既复杂又微妙。如图 6-13 所示，客户满意度与客户忠诚度的关系可分为满意可能忠诚、满意可能不忠诚、不满意则不忠诚和不满意也可能忠诚 4 种。

1. 满意可能忠诚

根据有关统计表明：一个满意的客户，比 6 个不满意的客户更愿意回购商品或服务。根据客户满意的状况，可将客户忠诚分为信赖忠诚与趋利忠诚两类。

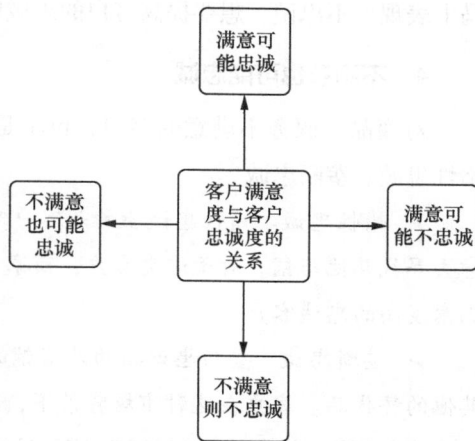

图 6-13　客户满意度与客户忠诚度的关系

➢ 信赖忠诚指的是客户在完全满意的基础上，对该店铺的一个商品或多个商品情有独钟，且长期购买。信赖忠诚客户是完全信任店铺的，不仅自己喜欢购买店内商品，还会自发地为商家做宣传。

➢ 趋利忠诚指的是客户为了某些好处，长久地重复购买某一商品或服务的行为。有的客户对店铺的商品或服务并不完全满意，但喜欢店铺的优惠、折扣，就会多次回购。而当店铺不再提供优惠时，这类客户就不再忠诚于该商品或店铺。所以，这类型的客户对店铺的依恋度低，容易流失。

商家要擅于区分信赖忠诚客户和趋利忠诚客户，如果实在无法实现客户的"信赖忠诚"，也可以追求客户的"趋利忠诚"　毕竟趋利忠诚对于商家来说也并非毫无益处。

2. 满意可能不忠诚

很多管理者都会发现：有的客户虽然对商品和服务都很满意，但还是会去其他店铺购买同类商品，所以满意度和忠诚度其实没有必然联系。《哈佛商业评论》中指出，对产品满意的客户中，仍有 65% ~ 85% 的客户选择新的替代品。例如，有的商家在节假日期间做活动，店内客户满意度达到 80%，然而只有 30% 左右的满意客户会再次回购。

由此可见，客户满意也可能不忠诚。想要得到客户的忠诚，除了受到满意度的影响外，还有其他因素，所以商家不能单纯地考虑客户的满意度。

3. 不满意则不忠诚

通常来说，不满意的客户是不会忠诚于某个商品或店铺的。这是最常见，也是最合理的情况。还有的客户保持观望态度，既没有不满意，也不表示忠诚，当条件一成熟，马上表现出不忠诚。想要提高客户的忠诚度，还是应先提高客户的满意度。

4．不满意也可能忠诚

对商品、服务不满意的客户，也不是完全不忠诚。特别是忠诚里的这两种情况：惰性忠诚、垄断忠诚。

➢ 惰性忠诚。惰性忠诚指的是客户对商品、服务不满，但由于自身的惰性，不愿意去寻找其他店铺。对于这类客户，商家应尽量改进商品与服务的质量，将客户发展为满意度高的忠诚客户。

➢ 垄断忠诚。垄断忠诚指的是店铺的商品或服务在市场中十分稀有，几乎找不到其他的替代品。客户在这种市场背景下，即使对商品、服务不满，也只能忠诚。

由此可见，客户满意度和忠诚度不是绝对的关系，也不是毫无关系。正常情况下，对商品满意度高的客户，更易发展为忠诚客户；但并不说明，忠诚客户一定就是满意客户。商家想要维护好客户关系，总的来说，第一步是提高客户满意度，其次才是提高客户忠诚度。

6.5　客户关系管理的常用工具和方法

前面提到多种提高客户满意度、忠诚度的方法，具体实施时需要一定的工具和方法。例如，在淘宝平台中查看客户忠诚度数据时，需借助平台"营销中心"的数据；在有了客户的联系方式时，需要在便于客户使用的社交平台将客户进行集中管理，如旺旺群、QQ 群、微信群、微信公众号等。

6.5.1　用好电商平台提供的管理软件

几乎每个平台都提供相应的数据分析工具，数据中就包含客户管理所需的关键指标，如好评率、回购率、投诉率、购买额等。下面以淘宝平台为例，在客户运营平台中查看并设置"忠诚度管理"，其具体的操作方法如下。

（1）登录淘宝卖家中心后台，❶单击营销中心后面的"＞"按钮，❷在弹出的列表中单击"客户运营平台"超链接，如图 6-14 所示。

（2）跳转新页面，单击左侧栏中的"忠诚度管理"选项，如图 6-15 所示。

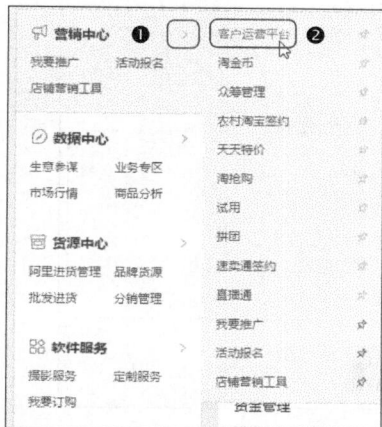

图 6-14　单击"客户运营平台"超链接

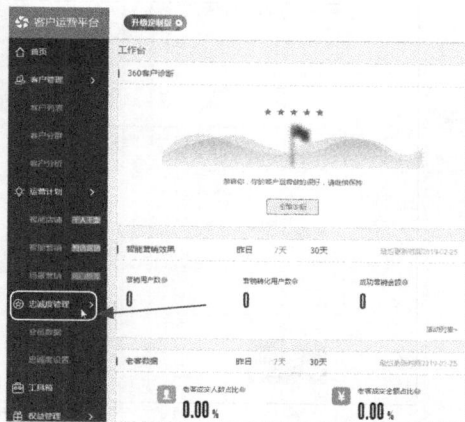

图 6-15　单击"忠诚度管理"选项

（3）在"忠诚度管理"下的"会员数据"中可以查看店内会员贡献、会员成交趋势、会员规模、会员活跃度等核心数据，如图 6-16 所示。

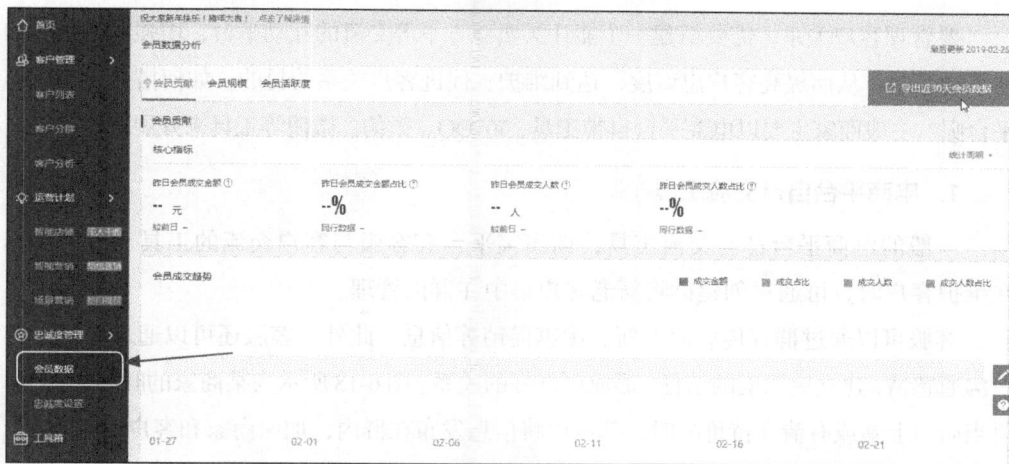

图 6-16　会员数据显示页

（4）客服可对会员等级进行设置，如入会规则、入会享有折扣等设置，如图6-17所示。

图6-17　会员等级设置

其他电商平台也有相应的数据供商家查看，商家可将复购率、新入会等数据导入到 Excel 表格中，便于查看、整理和统计。

6.5.2　搭建客户互动平台

要管理客户关系，需要搭建一个能让买卖双方平等交流的互动平台，增强双方之间的联系和互动，从而提高客户忠诚度，达到维护、促进客户关系的目的。如何搭建客户互动平台呢？一般商家主要以电商平台自带工具，或 QQ、微信、微博等工具来开展搭建工作。

1. 电商平台自带交流工具

一般的电商平台都有交流工具，如淘宝平台有客服与客户交流的工具"千牛"。在维护客户时，可通过创建群将新老客户集中在群内管理。

客服可以通过群宣传店内上新、优惠促销等信息。此外，客服还可以通过群组与客户沟通感情，建立更深度的信任，形成更友好的关系。图6-18所示为某商家的旺旺交流群，每当店内上新或有清仓特价品时，都可以将信息发布在群内，加深商家和客户的联系。

电商平台自带的交流工具一般会限制发送其他平台的商品链接，如在淘宝的旺旺群中发送非淘宝的商品链接时，会被提示为不安全链接；在微信中发送淘宝商品链接时，无法直接通过微信自带的浏览器进行观看。因此，除了使用电商平台自带的交流工具以外，商家通常还会使用其他社交软件来作为管理客户的工具。

图 6-18　旺旺交流群

2. QQ

部分客户平时不常看网购平台发来的消息，所以客服想把这部分人拉到平台群组（如旺旺群），不太容易成功。但是绝大部分客户都有使用 QQ 或微信社交软件的习惯，因此很多客服会通过建立这些平台的群组来管理客户。

QQ 是腾讯旗下的一款老牌即时通信软件，其用户数量非常巨大。客服可用 QQ 账号来添加客户为好友，用 QQ 空间、QQ 群等方式来维护客户。

QQ 群是多人交流、互动及时和低成本操作的客户维护方式，客服可通过创建售后群的方式，将客户拉到群里，不定时在群内更新店铺上新、优惠活动信息等。都是老客户，更便于客户与客户之间的交流，加深对商家的信任。图 6-19 所示为某商家的 QQ 交流群，客服不定时在群里发布优惠信息、领券信息、商品上新信息，有时客服还会发放红包，带动群内气氛。在发布商品或优惠券等信息时，一般带有跳转链接，群成员只需单击链接，即可跳转到商品详情页面，非常方便。

QQ 空间可以偶尔更新店铺活动、商品上新、清仓处理等信息，让老客户在零散时间接收信息，加深对店铺的了解和信任。图 6-20 所示为某客服在 QQ 空间发布的新品信息。为了便于客户查看，可在动态中标明商品的价格、适用场景等信息。

图 6-19　QQ 交流群

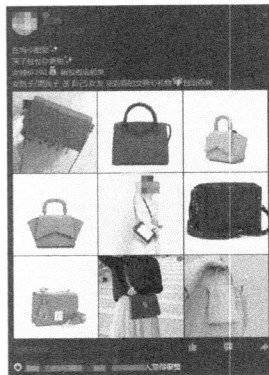

图 6-20　在 QQ 空间发布新商品信息

3. 微信

微信是出自腾讯的一款社交软件，不像 QQ 以文字交流为主，而是以语音交流为主、文字交流为辅，并具备朋友圈、公众号等社交功能。并且微信账号与 QQ 账号相通，换言之，用户可以使用 QQ 账号和密码来登录微信，因此微信可以说是在几亿 QQ 用户的基础上进行发展的，有着庞大的用户基数。

利用微信维护客户的主要方式为朋友圈、微信群和公众号。在微信各功能服务模块中，朋友圈的重要性高居第一。据调查，76.4% 的用户会使用朋友圈来查看朋友动态或进行信息分享。也就是说，朋友圈已经成为大家接受信息和情感分享的重要平台，同时也成为了展示商品、吸引客户的工具。只要商品够好、活动力度够大，客户就愿意分享，那么口碑的扩散速度就会非常快。

所以，客服可将老客户引导到微信里，将每天的所见所闻所感，通过微信朋友圈以文字、图片或视频的方式分享给客户，以得到客户的评论和点赞。在朋友圈中只靠人情是不长久的，只能依靠优质内容来吸引客户的关注。发布朋友圈也是有技巧的，如表 6-4 所示。

表 6-4　发布朋友圈的技巧

技巧	详解
发布多种多样形式的内容	建议客服在发布朋友圈时，尽量选取多样的形式，避免形式单一。例如，文字＋视频或文字＋图片的形式

续表

技巧	详解
找到吸引粉丝的内容	最好不要频繁在朋友圈发布商品信息，否则客户会厌倦。可将热门事件、生活琐事和趣闻段子等内容发布到朋友圈，并在这些内容中植入商品信息
发送可以互动的朋友圈内容	互动可以增加客服与客户之间的感情。可以在朋友圈中与客户进行互动，例如，智力游戏、猜谜游戏、抽取幸运儿、向客户索要建议等

　　几乎每个玩微信的人都有自己的微信群，自己创建或加入到别人创建的微信群。客服可以通过二维码的方式吸引客户进入相关的群组。如果做得好，这将是维护新老客户关系的捷径。用微信群维护老客户的重点就是保持群的活跃度，常用的方法是让群成员有利可图。这个"利"不一定是大额红包，偶尔几个小红包、几份小礼物或是专业知识的分享，让老客户认可这个群是有真材实料的资源的，自然会长期关注。

　　微信公众号具有很多个人账号不具备的功能，如安排客服在线交流、使用程序进行自动应答、推送营销信息给客户以及实现简单的查询、购买等功能。微信的本质是交流工具，在功能上，有对讲、视频通话等功能，使之沟通起来更具亲和力。微信公众号在沟通方面保持了这些特色，让多元化的营销方式更具亲和力。通过微信公众号平台，商家可以打造一个微信的公众号，用于群发文字、图片、语音、视频、图文消息 5 个类别的内容，是商家维护客户的重要工具。不少商家在搭建客户互动平台的同时，还借助微信朋友圈、微信公众号来实现粉丝跳转购物页面，直接在微信平台内完成在线交易。

　　服装品牌优衣库有两个微信公众号：优衣库、优衣库官方网络旗舰店。打开"优衣库"微信公众号，可以在菜单栏看到"新品·穿搭""女神节大促""会员·福利"等选项，如图 6-21 所示；点击"女神节主会场"选项会跳转到优衣库小程序页面。在该小程序中，客户可查找商品分类、联系客服、查看附近门店信息，以及完成查看商品、下单、付款等一系列购物操作，如图 6-22 所示。

　　不仅如此，"优衣库"微信公众号为公众号文章也从穿搭知识、商品上新、设计理念等多方面入手，在传递商品信息的同时，加深品牌对粉丝的影响。"优衣库"微信公众号中阅读量超过 10 万的文章比比皆是，粉丝也积极留言互动，如图 6-23 所示。

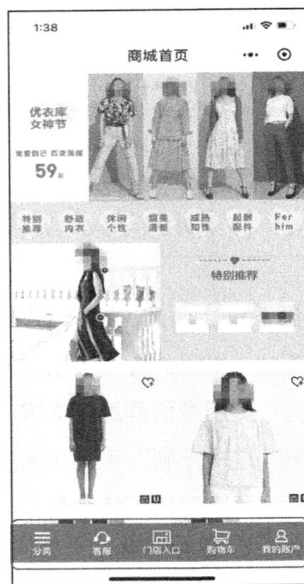

图 6-22　优衣库小程序页面

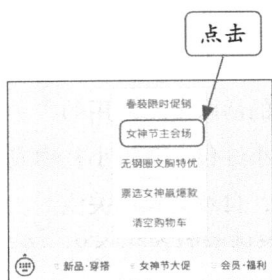

图 6-21　"优衣库"微信公众号菜单栏

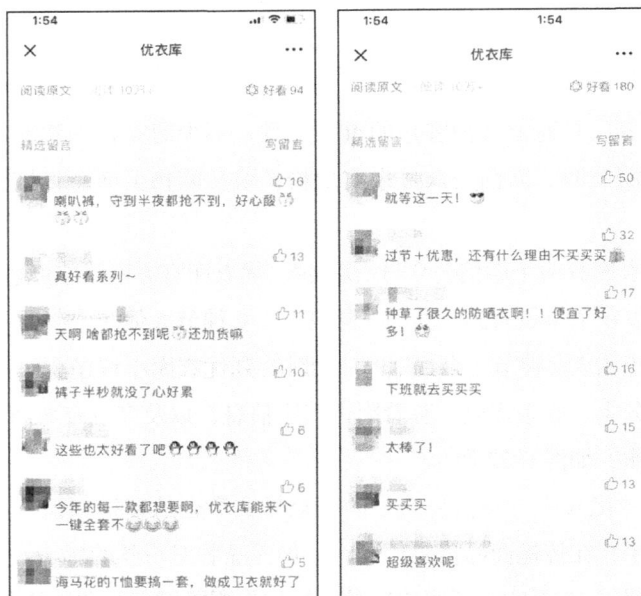

图 6-23　"优衣库"微信公众号文章阅读量及粉丝留言截图

4．微博

微博是一种迷你型的日志，一条微博不超过 140 字。这种短小精悍的内容发布平台受到了网民的青睐。微博的种类繁多，有新浪微博、网易微博、腾讯微博等，其中新浪微博的用户最多。

客服可以在微博上创建微博群组来添加客户，便于与客户之间的交流。除此之外，还可以通过发布微博内容、橱窗展现和筹划赠送商品、有奖竞猜、限时抢购等活动吸引新粉丝关注店铺商品。

图 6-24 所示为某个外贸鞋微博账号发布的商品橱窗。新粉丝如果对该橱窗内的商品感兴趣，可在线购买或通过链接跳转到购物平台完成交易。

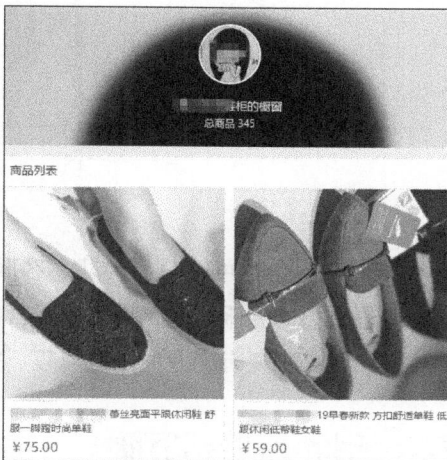

图 6-24　微博橱窗展示位

6.6　实践与练习

1．QQ 和微信哪种工具更适合用于客户关系管理？为什么？

2．查看 5 ～ 10 个商家的会员卡设置门槛和使用规则，总结有什么异同。

3．在电商平台购买一件商品，将购买之前的预期写下来，对比收到货后的感知价值，思考预期值主要体现在商品的哪几个方面。

4．在微信中建立一个客户群，在客户资料的"描述"一栏中添加每个客户的简要信息。在群里定期进行上新通知，并处理售后问题。

第 7 章

客服团队建设

小型电商企业可能只需要几名客服来服务客户，而大中型电商企业则需要一支专业化、规范化的客服团队，专门负责营销与售后的工作。无论规模如何，建立一支专业的客服团队必须要有专业的招聘流程、完善的管理体系以及相应的岗位培训。

7.1 招聘与培训客服

要建立一支完善的客服团队，应先了解客服团队的架构，并按照具体的需要来进行规划，增加或删除某些岗位。如对小型电商企业而言，可能不会专设客服主管，而由企业经理兼任；而大型电商企业可能会具有更复杂的多层结构，管理人员更多。规划好客服团队的架构以后，再招聘并培训客服，让客服符合工作岗位的需要。

7.1.1 了解客服团队的组织框架

客服团队是一个共同体，利用队伍里每个成员的知识和技能协同工作，一起解决问题，以达到一个理想的目标。换言之，团队框架建设就是梳理团队成员，让大家各司其职，做好自己的事情。

如图 7-1 所示，客服团队从运营角度出发，可设置客服经理、客服主管、客服组长和客服组员（客服 A、客服 B 等）。

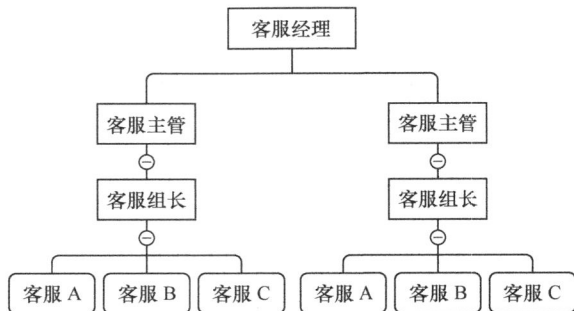

图 7-1 电商客服团队的组织框架

电商客服团队的组织框架最终可根据店铺的规模进行增加或者减少层级。各个岗位都肩负着不同的职责。

1. 客服经理

客服经理是整个客服团队的领头人，负责整个团队工作的正常进行。客服经理的主要职责包括客户关系及客服关系的协调、管理，贯彻落实店铺的客户关系管理理念，管理客服团队人员的新进及流出，制定与实施店铺客服管理制度，不定期抽查下属的工作。

2. 客服主管

客服主管的职位仅次于客服经理，主要职责包括培训、管理客服组长和客服，如进行工作职责、工作流程、系统操作、工作绩效等考核；组建客户关系管理系统，负责客户满意度的调查、分析和优化。

3. 客服组长

客服组长的主要工作是对客服组员进行监督、管理，如检查客服组员的日报、周报、月报，及时发现组员工作中存在的问题，并协助解决。另外，客服组长还应配合客服主管完善规章制度、工作流程等。

4. 客服组员

客服组员是客服岗位中人数基数最大的一个群体，负责把上级制定的计划、制度落到实处。主要职责是解决店铺来访客户的售前、售中和售后问题。

管理人员要明确不同岗位人员的工作职责，明确划分工作内容，将客服团队搭建得更加完善、高效。

7.1.2　确定电商客服的工作模式

客服工作模式按不同的划分方式可以分为不同的模式。如按所在地划分，可分为集中型工作模式和分散型工作模式；按雇佣性质划分，则可分为全职型工作模式和兼职型工作模式。

1. 按所在地划分

集中型工作模式和分散型工作模式的主要区别在于客服的工作地点。

集中型工作模式是最常见的模式，即客服团队在固定办公场地办公。集中型工作模式在大中型电商企业中较为常见，由于店铺已经形成一定的规模，在招聘客服时要求也更高。这类工作模式的店铺，一般通过网络渠道发布招聘信息，通过面试、笔试进行招聘，整个招聘过程较为专业。

分散型工作模式则以远程团队为主，客服可能分布在天南海北，无法集中也没有必要集中，而是通过同一网络平台进行联系和工作。特别是一些小型店铺，为控制成本，常常通过贴吧、论坛等平台招聘时间充足的人员，远程完成客服工作。在招聘分散型工作模式的客服时，必须确保应聘者有充足的时间，如全职家庭主妇、城镇待业青年等。这种招聘方式的优点在于成本低廉，缺点则是不易管理。

> **ℹ 提示** 分散型工作模式的客服招聘
>
> 在一些经济不发达的地区，平均工资水平不高，同时生活节奏相对较慢，人员流动性不大，有很多当地年轻人希望不用离乡背井就能找到一份还算体面的工作，分散型工作模式的客服岗位正好合适他们。虽然他们无法到店铺所在地上班，商家不能随时监督他们的工作状态，但通过远程打卡、随机抽查、业绩评比等方式，仍然可以让他们高效地工作。同时，商家付出的工资又不会太高，算是一种两全其美的方案。在招聘这类客服群体时，要注意考察对方的自制力，因为远程客服没有上级随时监督，自制力就显得非常重要了。

2. 按雇佣性质划分

一般来说，常见的雇佣方式有两种：全职与兼职，客服也可以采用这两种方式进行雇佣。

全职型工作模式的客服通常按照企业规定时间，在相对固定的地点进行工作。例如，全职客服应按照客服组长或客服主管制定的排班表去企业上班。全职型工作模式的客服更有组织性，有固定时间、固定地点和固定工作内容。

兼职型工作模式的客服一般是在本职工作之外兼任客服工作职务。如有的兼职客服每天 9:00—18:00 有一份全职工作，但每天 20:00—22:00 又在一家店铺担任兼职客服，月底根据在线时长和销售额等 KPI 指标领取兼职工资。

　　一般大型店铺都以全职型客服为主，兼职型客服为辅。只有小部分小店铺，在开店初期，因资金紧张，会选取招聘兼职客服来完成客户接待工作。

> ℹ️ **提示**　大促期间可招聘兼职型客服

　　电商平台常常有大促活动，届时对于客服有很大的需求，此时商家可以考虑招聘兼职型客服。兼职型客服可以只在网购高峰的时间段工作，工资也比全职型客服低，用于应急非常不错。

7.1.3　客服招聘的目标人群

　　千里马和伯乐相辅相成，缺一不可。在招聘客服时，客服主管需要精挑细选，找到与店铺需求相匹配的雇员。客户购买商品时追求性价比，商家在雇佣客服时也追求性价比，总是希望客服的工作能力强，但底薪要求不太高。一般来说，客服要满足以下几个工作特点，如图 7-2 所示。

　　➢ 适应不同的工作时间。店铺的客服服务一般从早上八九点一直持续到晚上十点甚至十二点，这至少需要两班客服进行倒班。招聘的客服要适应这样的工作时间。

　　➢ 善于交际与表达。客服工作归根结底是一个与人交流的工作，不善于交际与表达的人，可能就无法胜任这个工作。这里需要注意的是，

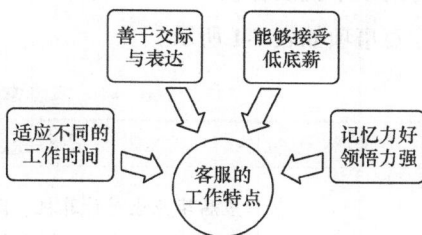

图 7-2　客服的工作特点

有的人在现实中不太擅长言语交流，但在网上交流时却能够很好地表达自己的意思，这样的人也是可以做店铺客服工作的，毕竟店铺客服是以网上交流为主。

　　➢ 能够接受低底薪。固定的收入无法刺激客服的工作积极性，销售提成才是他们的工作动力。要让销售提成的效果最大化，底薪就不能设置得太高。如果不能接受这一点，可能就不太适合做店铺客服的工作。

　　➢ 记忆力好，领悟力强。店铺客服要熟记各种工作流程，以及几十上百种商品的特点，这就对客服的记忆力和领悟力提出了较高的要求。

根据客服的工作特点，招聘客服的目标人群主要有 4 种，如图 7-3 所示。

图 7-3　电商客服目标人群

> ⓘ **提示**　**性别和年龄**
>
> 　　在客服的日常工作中，需要足够的耐心和勤奋，所以行业里的客服都以女性、年轻人（20～30 岁）为主。这是因为女性心更细，在处理问题上，也有足够的耐心；而年轻人，更有勤奋好学的特点，在接受新事物上更具优势。当然，也有部分男性青年备受商家的青睐，这类客服思维活跃，从客服岗位转岗到运营岗位的也比比皆是。所以在招聘时，商家可根据自己店内环境招聘客服人员，总体而言以年轻女性为主，优秀男青年为辅。

　　这几类人中，有的因学历不高而不太好找工作，有的因时间较自由适合做兼职，有的本来就没有收入，所以对底薪要求不高。这些群体适合做客服的原因以及招聘时的注意事项如表 7-1 所示。

表 7-1　招聘客服目标人群的原因和注意事项

招聘对象	招聘原因	注意事项
应届毕业生	应届毕业生对计算机、网络和网购都不陌生，打字速度快，对新技能有着极强的学习能力，对工作环境适应也很快，也愿意接受低底薪、有上升空间的客服工作	在招聘应届毕业生时，要多和对方谈销售提成、职务上升通道以及公司前景等比较能够打动对方的因素，让对方产生憧憬和希望，他才愿意加入到团队中来
已有客服工作经验的年轻人	这类有相应工作经验的年轻人是店铺急需的人才，因为他们不但能够较快地上手工作，还能为其他员工传授经验	这类有客服工作经验的年轻人对薪资的要求比较高，看重眼前利益，和他们要少谈前景和职业规划，而应适当地提高福利待遇
全职家庭主妇	这类人的时间比较自由，但只能待在家里，因此比较适合做兼职客服	在招聘这类群体时，要和对方确认好工作时间能否覆盖到店铺进客的高峰期

续表

招聘对象	招聘原因	注意事项
城镇待业青年	这个群体急需一份正常的工作，向亲朋好友证明自己有养活自己的能力，所以这类群体对工作要求不太高，比较适合做客服	在招聘这类群体时，首先要排除只是迫于家庭压力来应聘的人。对于那些真正想找到一份工作的待业青年，可以多和他们谈一谈销售提成

7.1.4　客服的招聘工作

由于商家规模不一，因此在招聘客服时需求也有所差异。具体的招聘方案应围绕店内需求制定。负责招聘的人员应熟悉招聘途径，掌握面试方法。此外，还要事先制定好客服薪金待遇，这样才能较为顺利地招聘到合适的客服。

1. 制定招聘方案

为更好、更快地完成客服招聘工作，通常在展开招聘工作之前，需制定招聘方案。招聘方案由三要素构成：招聘负责人、招聘文案以及发布渠道等。

➢ 招聘负责人。因商家实力而定。一般大企业、大商家，由客服主管制定招聘要求，发送给公司的行政人员，由行政人员发布招聘信息、邀约面试、进行初试，再由客服主管进行复试。小企业、小商家则由老板负责撰写招聘文案、发布招聘信息、邀约面试。

➢ 招聘文案。招聘文案一般包括4个方面的内容，即招聘岗位（客服）、工作内容、应聘要求、福利待遇。在撰写招聘文案时，简单扼要地说明这4个方面即可。为吸引更多人关注，可在福利待遇方面多下功夫。如公司员工享有带薪年假、年底双薪等福利，一定要在招聘文案中有所体现。

➢ 发布渠道。根据招聘范围的大小选择发布渠道。如果一次性招聘的客服较多，可在人才市场进行现场招聘；如果是小范围招聘，可通过招聘网站或社交平台进行招聘。

2. 熟悉客服招聘的途径及流程

通常，在招聘客服之前，应制定相应的招聘流程。招聘电商客服的流程主要分为4步，如图7-4所示。

招聘渠道包括线上和线下，大型企业一般采用线下招聘，如通过招聘会、校企合作的形式招聘；电商平台的商家，如果实力一般，则可以选择网络招聘。

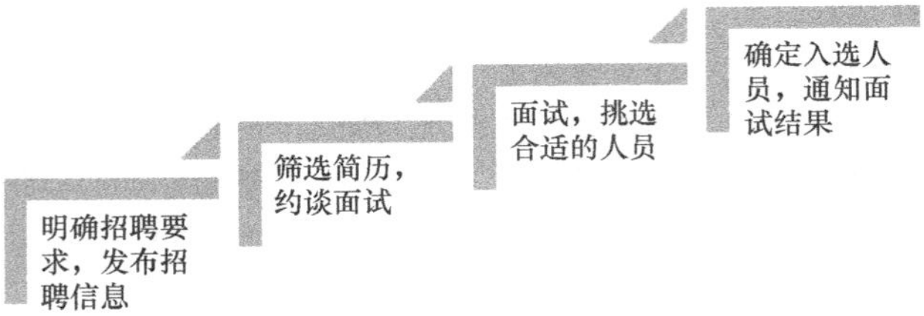

图 7-4　招聘电商客服的流程

网络招聘有着选择面广、招聘渠道多等优点，适合招聘客服。常用的网络招聘渠道有智联招聘、前程无忧、58 同城、猪八戒网等。图 7-5 所示为某招聘网招聘客服的信息页面。

积累粉丝较多的商家社交网络工具，也可用来发布招聘信息。如某商家长期用微信维护老客户，在招聘客服时，可在微信群、朋友圈等地发布招聘信息。在招聘客服的同时，加深客户对商家的印象。

图 7-5　招聘客服的信息页面

3. 面试客服的常用方法

面试是一个相互考察的过程。商家在面试时，主要考察应聘者的工作能力、工作态度、职业规划、发展潜力以及身体状况等方面的信息，以判断对方是否能够胜任客服的工作。

态度好、能力强的应聘者当然是首选；态度好、能力差的应聘者也不错，因为能力可以培养，态度较难改变；至于那些态度不好的，不管能力强不强，都基本不用。怎样才能准确地判断应聘者是否胜任客服工作呢？客服主管可以通过望、闻、问、切 4 种方法来进行"诊断"。

（1）望。

一个应聘者进入面试办公室，还未开始交谈之前，招聘者可以从他的穿着打扮、行为神态等方面看出一些信息，如打扮入时，表明应聘者注重自己的外貌，生活态度也相对比较积极；如穿着随意而干净，表明应聘者可能喜欢比较宽松的工作氛围；如衣着随意，但不整洁，表明应聘者可能不拘小节，喜欢我行我素；如应聘者说话干脆利落，表明这个人性格是比较果断的；如应聘者面带倦容，表明此人可能经常熬夜，在自制力方面或许存在问题，等等。

应聘者的精神面貌需要重点进行观察。精神面貌对于客服来讲是十分重要的，客服要长时间保持高昂的情绪，用自己的活力与热情来感染客户，没有一个良好的精神面貌是做不好客服工作的。如果应聘者容光焕发，神采奕奕，反应敏捷，则是一个适合做客服的人；反之如果一脸倦容，有气无力，反应迟钝，则会让人怀疑他（她）能否胜任客服工作。

> **ⓘ 提示　对应聘者的第一印象**
>
> 　　通过"望"得到应聘者的第一印象，可以作为一个参考，但不要以此作为是否录用应聘者的依据。这是因为很多信息还需要在交流中进一步了解。例如，应聘者面带倦容，可能只是因为昨晚在医院照顾病人，而非长期熬夜造成的。因为错误的第一印象而错失优秀的应聘者是很可惜的事情。

（2）闻。

在应聘者坐定以后，招聘者通常会要求应聘者做一个简短的自我介绍。应聘者需要在这短短的几分钟时间内，将自己的工作经历、技能特长、期望薪资、兴趣爱好等信息清楚无误地传达给对方，让对方对自己有一个初步的了解。此时，招聘者除了倾听面试者自我介绍之外，还要通过应聘者的话语判断对方表达能力是否较强，思维是否有逻辑性，语调是否有感染力等。

（3）问。

应聘者自我介绍完毕后，招聘者应该就对方的情况询问一些问题，对应聘者进行深入的了解。例如，询问对方对客服工作的理解，对自己的职业规划，能否接受加班或轮班等。此外，还可以对应聘者的身体健康情况、居住地点以及家庭状况等进行了解，甚至可以准备一些突发问题来考验应聘者的应变能力。

（4）切。

"切"在中医里是切脉的意思。在这里，"切"就是通过考试来了解应聘者的工作能力。针对客服的考试，通常有打字速度。普通话朗读、常用英语单词的识别与阅读等考试。此外，还有针对交易规则、客服技能等方面的笔试考试。一份典型的笔试试卷如图 7-6 所示。

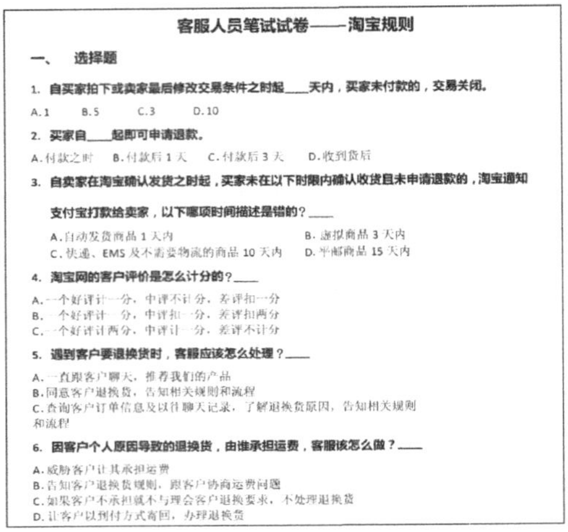

客服人员笔试试卷——淘宝规则

一、 选择题

1. 自买家拍下或卖家最后修改交易条件之时起____天内，买家未付款的，交易关闭。

A. 1　B. 5　C. 3　D. 10

2. 买家自____起即可申请退款。

A. 付款之时　B. 付款后 1 天　C. 付款后 3 天　D. 收到货后

3. 自卖家在淘宝确认发货之时起，买家未在以下时限内确认收货且未申请退款的，淘宝通知支付宝打款给卖家，以下哪项时间描述是错的？____

A. 自动发货商品 1 天内　B. 虚拟商品 3 天内
C. 快递、EMS 及不需要物流的商品 10 天内　D. 平邮商品 15 天内

4. 淘宝网的客户评价是怎么计分的？____

A. 一个好评计一分，中评不计分，差评扣一分
B. 一个好评计一分，中评扣一分，差评扣两分
C. 一个好评计两分，中评计一分，差评不计分

5. 遇到客户要退换货时，客服应该怎么处理？____

A. 一直跟客户聊天，推荐我们的产品
B. 同意客户退换货，告知相关规则和流程
C. 查询客户订单信息及以往聊天记录，了解退换货原因，告知相关规则和流程

6. 因客户个人原因导致的退换货，由谁承担运费，客服该怎么做？____

A. 威胁客户让其承担运费
B. 告知客户退换货规则，跟客户协商运费问题
C. 如果客户不承担就不与理会客户退换要求，不处理退换货
D. 让客户以到付方式寄回，办理退换货

图 7-6　某电商平台客服的笔试试卷

4. 为客服制定合适的薪金方案

客服的薪金一定要与销售额或销售量挂钩，不能只是固定的工资，否则客服没有积极性，而且很容易会认为收入和工作强度不成比例。如果掌握店铺的资料，辞职后成为竞争对手，将对店铺非常不利。

客服的合理薪金应该包括底薪、销售提成与奖励。销售提成最好设计成阶梯形，销售额每提高一档，销售提成比例就提高一档，这样比固定的销售提成比例更能刺激客服工作的积极性。一个常见的阶梯形客服销售提成的方案如表 7-2 所示。

表 7-2　阶梯形客服销售提成方案

销售额	销售提成
10000 元及以下	2%
10001 ~ 20000 元	超出 10000 元的部分 × 3%
20001 ~ 40000 元	超出 20000 元的部分 × 4.5%
40001 元及以上	超出 40000 元的部分 × 6.5%

底薪需要根据各地的消费水平来定，因为当地消费水平最能反映当地的经济发展情况。所以，各位商家在招聘客服前要仔细地了解当地的经济情况，把当地常见的服务行业的工资标准都了解一下，把底薪定在一个平均水平即可，因为底薪太高会养懒人，太低会招不到人。

提示　防止客服单打独斗

客服主管在制定销售提成方案时，不要只针对个人销售额。如果有多个客服，按个人销售额提成，客服们会各做各的，很难互相帮助，互相传授经验。可以将多名客服分组，按组计算销售提成。这种方式特别适合有新客服入职的时候，将新客服和老客服编为一组，老客服为了达到较高的销售提成，会竭尽全力帮助新人提高业务能力，使新客服在短时间内就能快速掌握基本的工作技能。

7.1.5　新客服入职培训

新客服入职后，应做好岗前培训，使之对店铺、商品、规章制度、工作流程、工作要求等都有了了解以后，在老员工的带领下，正式展开工作。客服岗前培训一般包括 4 个方面，如图 7-7 所示。

1. 了解店铺

客服首先要对自己的店铺有一个全面的认识，包括店铺简介、店铺定位、店铺人员结构、相关的工作内容等，这有利于新客服建立团队意识，迅速融入工作环境，加强员工对店铺的认同感和归属感。

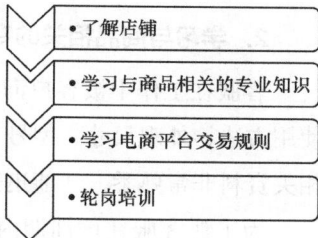

- 了解店铺
- 学习与商品相关的专业知识
- 学习电商平台交易规则
- 轮岗培训

图 7-7　客服岗前培训内容

➢ 店铺简介。店铺简介包括店铺的创始人、店铺成立的时间、店铺的业务范围、店铺的规模和店铺的变迁历史等信息，不仅要让新客服了解店铺的过去和现在，还要看到店铺辉煌的未来。此外，还应让新客服学习店铺文化，通过考试等手段加强新客服对店铺价值观的认同。

➢ 店铺定位。店铺定位包括店铺的风格、面向的销售人群等。如果店铺是经营服装的，那么店铺的风格定位就比较好描述，如休闲、萌系、中国风、欧美风等。店铺销售人群的定位即要把商品销售给哪些人群，这些人群有什么样的爱好特点，支付能力如何等。

➢ 店铺人员结构。对店铺的各个部门进行介绍，使新员工熟悉同事和领导，知道自己的工作应该对谁负责，与各部门协调时应该找谁。

➢ 相关的工作内容。相关的工作内容包括工作制度、工作流程、工作要求等。其中，工作制度是指店铺的规章制度等，如日常工作规范、上下班时间、轮班方式、请假

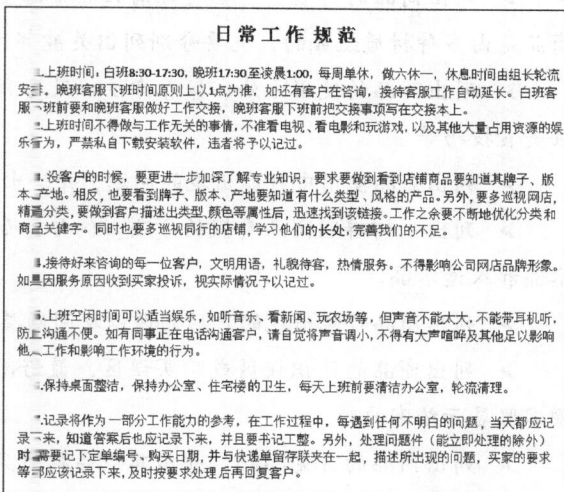

日常工作规范

1. 上班时间，白班8:30-17:30，晚班17:30至凌晨1:00，每周单休，做六休一，休息时间由组长轮流安排。晚班客服下班时间原则上以1点为准，如还有客户在咨询，接待客户工作自动延长。白班客服下班前要和晚班客服做好工作交接，晚班前把交接事项写在交接本上。

2. 上班时间不得做与工作无关的事情，不准看电视、看电影和玩游戏，以及其他大量占用资源的娱乐行为，严禁私自下载安装软件，违者将予以记过。

3. 没客户的时候，要更进一步加深了解专业知识，要求要做到看到店铺商品要知道其牌子、版本、产地，相反，也要看到牌子、版本、产地要知道有什么类型、风格的产品。另外，要多巡视网店，精细分类，要做到对客户描述出类型、颜色和属性后，迅速找到该链接。工作之余要不断地优化分类和商品关键字。同时也要多巡视同行的店铺，学习他们的长处，完善我们的不足。

4. 接待好来咨询的每一位客户，文明用语，礼貌待客，热情服务。不得影响公司网店品牌形象。如果因服务原因收到买家投诉，视实际情况予以记过。

5. 上班空闲时间可以适当娱乐，如听音乐、看新闻、玩农场等，但声音不能太大，不能带耳机听，防止沟通不便。如有同事正在电话沟通客户，请自觉将声音调小，不得有大声喧哗及其他足以影响他人工作和影响工作环境的行为。

6. 保持桌面整洁，保持办公室、住宅楼的卫生，每天上班前要清洁办公室，轮流清理。

7. 记录将作为一部分工作能力的参考，在工作过程中，每遇到任何不明白的问题，当天都应记录下来，知道答案后也应记录下来，并且要书记工整。另外，处理问题件（能立即处理的除外）时要要记下定单编号、购买日期，并与快递单留存联夹在一起，描述所出现的问题，买家的要求等都应记录下来，及时按要求处理后再回复客户。

图 7-8　某店铺的客服日常工作规范

轮休奖惩等。图7-8所示为某店铺的客服日常工作规范。工作流程包括客服日常所做的各种工作。工作要求是指评审和考核客服工作完成是否良好的标准。了解了这些内容，新员工才能知道自己将要做什么以及不能做什么。

2. 学习与商品相关的专业知识

客服在工作中被客户询问得最多、最频繁的是关于商品本身的问题，包括商品细节、使用方法、外观尺寸、型号、颜色等，这就要求客服必须对店内数十甚至上百种商品的相关资料非常熟悉，才能迅速回答客户的问题。

为了让客服在培训期内就能系统地掌握商品知识，商家要事先编制好商品资料以及介绍商品的"套路"话术、客户异议预防话术以及各种售后解决方案，供客服学习。客服可以不用死记硬背所有的资料，但至少要清楚哪个问题在哪里能找到答案，方便在回答客户问题时快速定位并复制、粘贴答案。

每个商品的知识点都是很多的，而不同客户对于同一商品的疑问也是不同的，那么在编制商品资料时，需要侧重于哪些方面才能方便客服工作呢？一般来说，可以侧重以下几个方面。

➢ 列出商品的规格、尺码，教客户如何选择适合自己的商品。

➢ 列出商品的材质。一些类目商品非常注重材质，如服装、鞋类、家具等。如果商品是由多种材质组成的，也要分别列出关键部位使用的材质。

➢ 列出商品的使用方法、保养方法以及各种相关技巧，如服装搭配技巧，烤箱烹饪美食技巧等。

➢ 列出商品使用中可能出现的问题，并给出客服可以操作的解决方案和预防方案。

➢ 列出如何辨别商品真假的方法。例如，如何鉴别真皮和人造革，如何鉴别天然水晶和人造水晶。

➢ 列出商品可能出现的售后问题以及问题类型，并给出简单明了的处理原则。

➢ 列出商品的认识误区或购买误区，最好附有图片说明，既方便客服理解，又方便客服展示给客户。

➢ 列出商品的常见品牌，并与其他品牌商品对比，说明本品牌商品的优点。如果是非品牌商品，则可以与其他店铺的同类商品进行对比，说明本店商品的优点。

➢ 列出经营商品的大小分类，如健身器材可以分为有氧类、无氧类。

➢ 列出本类商品有哪些类型，如无氧类健身器材就有哑铃、握力器、腹肌板等几种类型。

➢ 列出本类商品优缺点的对比，如同样是有氧类健身器材，跑步机、踏步机与椭圆机各自的优缺点是什么。

以常见的羽绒服为例，在编制羽绒服相关的商品知识资料时，可以列出以下的条目：羽绒服的定义，羽绒服的填充物及填充物的价格排序，羽绒服的充绒量和含绒量（此处也可以加上充绒量和含绒量的定义和区别），羽绒服的蓬松度，如何辨别羽绒服的优劣，如何挑选羽绒服，羽绒服有哪些购买误区，羽绒服的洗涤保养方法和注意事项，羽绒服如何与其他服装进行搭配，羽绒服有哪些大品牌及各自的优缺点，羽绒服的售后服务，羽绒服可能会引起人过敏的症状，等等。通过这样的信息罗列，客服很快就能掌握商品的相关知识。

3. 学习电商平台交易规则

在电商平台扎根驻营，就要遵守平台的相关规则，不然就可能会因触犯规则而受到处罚，造成不必要的损失。客服在处理与商品相关的问题时，也要注意不能触犯电商平台交易规则，这就要求客服对电商平台的交易规则有全面的了解。

通常，电商平台都针对不同的处理事项制定了不同的规则条款，并公布在电商平台的规则页面。图 7-9 所示为京东平台的规则页面。仅仅是"基础服务"一项，就包括《京东开放平台商家送货入京东仓管理规范》《"7 天无理由退货"细则》《京东小智维护规则》等 15 条规划。新客服应了解电商平台的规则，尤其是交易规则、售后规则等。

为督促客服学习电商平台的交易规则，客服主管可定期组织客服学习并进行考核，考核成绩计入 KPI，直接和收入挂钩。例如，可用每个月最后一个工作日来进行学习、交流，由各负责平台的白班客服讲解自己平台更新的规则，以及有哪些需要重点关注的变化，并应将交流发言记录下来，供未到会的客服学习。

4. 轮岗培训

轮岗培训是指让新客服在入职培训期间，到各个工作岗位去工作一段时间，使其对各个岗位有直接的体验和感受，这样可以让新客服对整个店铺的各个工作环节都有所了解，在以后的工作中，才不会因为想当然而出现各种问题。

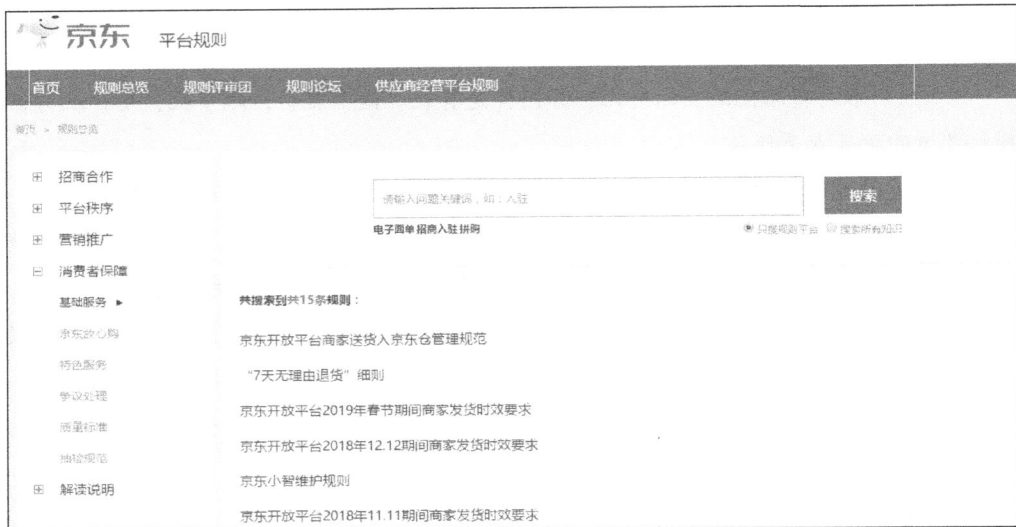

图 7-9　京东平台的规则页面

如果店铺较大，客服细分为售前、售中和售后 3 个小组，那么新客服的轮岗培训可以集中在售前、售中、售后岗位。售前客服的工作重点在于销售，售中客服的工作重点在于跟踪处理订单，售后客服的工作重点在于售后服务，在 3 个岗位之间轮岗培训，可以让新客服掌握不同的岗位技能，当店铺需要时，他（她）可以调配到售前、售中或售后任何一个小组进行工作。

> **ⓘ 提示　体验库房工作**
>
> 客服在入职初期的轮岗培训中，也可以到库房体验工作，重点了解退货、换货的基本流程。在今后的工作中，如遇到退换货问题，才能更好地与库房沟通。

7.2　高效管理客服

员工管理是一个永恒的课题。对于客服这种直接面对客户，工作压力较大，薪资与销售额相关联的工作人员，其管理也是颇为考验商家水平的，权责明确、奖惩有度是最基本的。此外，还要考虑到客服的心理健康，为他们减压。

7.2.1　建立客服日常工作管理机制

无论是新客服还是老客服，商家都立建立完善的工作管理机制。一方面，便于保证客服工作的顺利展开；另一方面，也将奖惩落到实处。为了公平、公开、公正，商家可借助数据软件来检测客服工作的好与差。

1．了解岗位分配机制

客服岗位可根据人员多少来分类，如客服较多的商家，可详细分为客服主管、售前客服、售中客服、售后客服；客服较少的商家，可简单分为售前客服和售后客服。在分类后即可制定相应的岗位工作内容，如售前客服严格处理售前事务；售后客服严格处理售后事务，不能越岗做事，也不能推诿责任。

在严格划分岗位后，还应注意以下问题。

➤ 店铺分配原则。同时在多个电商平台开店的商家，应将店铺归属落到实处。如售前客服甲和售后客服乙主要负责天猫、京东平台；售前客服丙和售后客服丁主要负责云集和达令家的微店平台。实现各平台专人负责，将责任和奖励都落实到专人。

➤ 排班原则。为了保证客服的休息时间，商家应对客服进行轮岗，如分为白班和夜班，每个人轮流上白班和夜班。

2．明确客服的权责并制定标准操作流程

客服部门是电商联通外部市场和内部环境的窗口与桥梁，客服的工作性质主要是与人打交道，其繁杂性和重要性不言而喻，因此，客服工作必须能够高效、灵活和有序地进行，而要保证这几点，必须明确客服团队的岗位权责。

如果客服工作权责不清，就容易产生各种不良的工作作风，如人浮于事和拈轻怕重等。没有明确的权责划分，就意味着一旦出现问题大家可以相互推卸责任。如果形成了不良的企业风气，即使进行裁员和更换管理者，都很难再扭转过来。

在第 1 章的 1.4.1 小节中已经详细解析了售前、售中和售后岗位的权责。但很多时候，

即使明确了各岗位的权责，某些客服仍然会在具体工作中感觉没有头绪，出现各种遗漏和差错。出现这种情况的原因是管理人员没有为客服岗位制定好清晰、明确的标准化操作流程（Standard Operating Procedure，SOP），导致客服工作起来没有依据，全凭感觉，自然就会错漏百出。

表7-3是某电商企业制定的售后客服工作SOP表，表中对客服投诉的处理过程划分为4步操作，每步操作又有各自的细化标准。

表7-3　售后客服工作 SOP 表

处理流程	标准	是否执行
确认问题	1. 记录客户投诉	
	2. 找到客户投诉的原因	
	3. 确认客户投诉信息	
	4. 态度诚恳，并且真诚道歉	
评估问题	1. 站在客观角度去评估问题	
	2. 清楚客户投诉的内容	
	3. 让客户心情平复	
	4. 准备好客户投诉处理资料	
	5. 确定客户投诉项目的负责人	
协商处理	1. 确定解决方案的上下限条件	
	2. 确定相应的处理人员	
	3. 明确客户投诉处理的权限	
	4. 处理人员是否明确客户的真实需求	
	5. 处理人员是否明确客户表达的处理建议	
	6. 为客户提供多个解决方案	
	7. 处理人员是否主动询问客户对解决方案的意见	

续表

处理流程	标准	是否执行
协商处理	8.　处理人员是否确认投诉问题的责任归属方	
	9.　处理人员是否向客户做出合理解释	
	10.　在合理范围内给予客户满意答复	
	11.　处理人员是否向上级报告客户要求	
	12.　取得相关部门的处理意见	
	13.　有效解决客户的投诉	
后续跟踪	1.　在规定时间内处理完客户投诉问题	
	2.　详细记录投诉及其处理过程	
	3.　回访客户	
	4.　询问客户对处理投诉的结果是否满意	
	5.　制定预防方案，避免出现类似情况	

从表 7-3 中可以看到，每个标准后都带有"是否执行"栏，客服在处理投诉时，按照表格一一比对，已完成的项目在其后面填上"是"即可，未完成的项目在其后面填上"否"或不填。只要按照表格对每个细化标准进行逐一确认，客服就能按照标准流程完成工作，而不会出现各种纰漏。

3. 制定成长机制

客服在工作中可以不断成长，最终成长为资深销售专家，还是客服经理，又或者是改行，与客服自身的成长历程有很大的关系。管理人员应该帮助客服设立短期、中期、长期的成长目标，帮助客服成长。一个典型的短期、中期、长期的客服成长目标如表 7-4 所示。

表7-4　客服成长目标

培训期（短期）目标	3个月（中期）目标	6个月（长期）目标
1.　了解电子商务基本概况 2.　熟悉店铺商品 3.　熟悉店铺商品的相关行业基本知识，如服装行业要求了解面料、尺码测量、洗涤等知识 4.　熟悉店铺工作流程，掌握相关软硬件操作 5.　进一步提高打字速度 6.　掌握客服所用的基本话术	1.　如果是售前客服，应了解商品卖点，熟练所用的话术，能针对客户询问解答问题，会简单地推销；如果是售后客服，应熟悉售后流程，并能与客户进行电话沟通，解决问题 2.　进一步提高普通话水平 3.　进一步提高打字速度 4.　能顺畅地与仓库沟通	1.　咨询率、询单转化率进一步提高 2.　客单价进一步提高，熟悉搭配套餐，善于推荐关联商品及单价高且利润也高的商品 3.　付款率进一步提高，熟练掌握催付技巧 4.　深入了解商品的知识，对于商品周边知识也有相当程度的了解，如推销服装时，可根据客户特点推荐最佳服装搭配 5.　进一步强化打字速度 6.　进一步提高普通话水平，如能达到二级甲等证书水平更好 7.　遇到特殊的售后问题能主动跟进并解决，提高客户满意度 8.　能主动回访客户，提高客户回购率

有了成长目标，客服才能有方向、有意识地朝着目标努力，按照店铺需要将自身一步一步"塑造成才"。

4. 制定执行力机制

商品的销量与店铺的很多方面息息相关，如客服、美工、文案等，其中影响因素较大的就是客服。客服面对客户时如何推销直接关系到商品的销量；客服如何解决客户的售前、售后问题，也会间接影响到商品的销量。因此，客服的执行力是非常重要的一个考察方面，商家应重点进行关注。

商家对客服执行力的考察，可以通过客服的销售任务完成度、聊天内容抽查、商品熟悉程度等多方面进行考察。

例如，某客服连续两个月没能完成销售目标，管理人员对她的销售数据、客服交谈记录等多方面进行检查，发现该客服对客户问题的回复速度太慢，常常导致客户流失，其原因在于她对商品熟悉度不够，遇到问题不能快速回答，需要花时间去翻看笔记或者询问同事。管理人员认为这是该客服的执行力不够，于是有针对性地重新进行培训，提高其对商品的熟悉程度，从而让她的执行力得到提升。

5．做好数据监测

在电商平台中，可以说每项工作都有相应的数据可供参考。客服工作的数据主要包括响应时间、响应速度、纠纷率、退款速度、询单转化率、客单价、支付转化率等。通常，各个平台都有相应的工具提供数据支持，如在淘宝平台的千牛软件或生意参谋中都可以查看这些数据。图 7-10 所示为某店铺的销售目标和支付转化率数据。

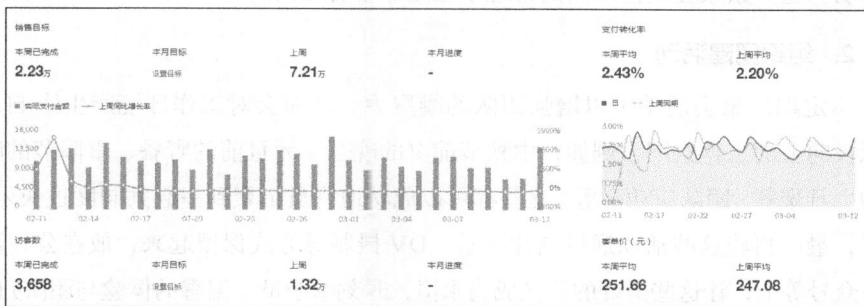

图 7-10　某店铺的销售目标和支付转化率数据

通过店铺中的数据，可以方便地制定客服工作的 KPI 考核表格。当然，也可以用于为其他工作岗位制定 KPI 考核表格。

7.2.2　建立客服激励机制

在日常重复、枯燥的工作中，客服需要相应的激励机制来提高工作的积极性。客服三管不要吝啬，在合适的机会下，无论是心理上还是薪酬上，都可以对客服进行激励。电商企业中，常见的客服激励机制如图 7-11 所示。

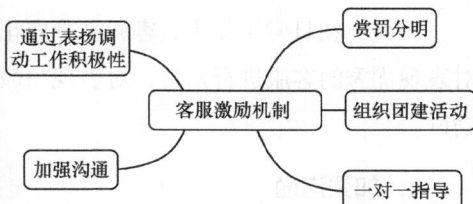

图 7-11　常见的客服激励机制

1．赏罚分明

古人御下，讲究"恩威并重"，做到恩威并重，部下就会对上级既感激又敬畏，不但办事效率提高，而且还变得忠诚可靠。其实，古今同理，今天对待下属也要做到恩威并重，这样管理起来才容易。

"恩"从奖赏而来，"威"从处罚而来。赏罚分明就可以做到既有恩又有威。"恩"让下属忠诚，"威"让下属服从。这些流传几千年的管理方法，用在现今的电商店铺中也同样有效。

管理人员如果该赏不赏，就会挫伤客服的工作积极性；如果该罚不罚，就会让客服对公司纪律失去畏惧感，二者都是非常有害的。因此，在客服管理中，一定要做到赏罚分明，这一条放在其他部门的管理中也是非常有效的。

2. 组织团建活动

不定期的聚会活动可以增强团队的凝聚力，从而会对工作环境产生影响，营造一个积极向上的工作氛围。例如，中秋节前夕的晚会、元旦前的野餐、重阳节的爬山、员工的生日聚餐、团队庆功会等，这些都可以成功地将员工聚到一起共同度过快乐的时光。同时，最好再将这些活动通过图片展示、DV摄制等方式保留起来，放在公司网站或微信公众号等上，让这些美好的回忆成为永恒，时刻给予员工温馨的体验与团队归属感。

3. 一对一指导

指导意味着员工的发展，而商家花费的仅仅是时间，但传递给客服的信息却是商家非常在乎他们。很多时候，对于客服来说，上级领导能教给自己多少工作技巧还在其次，而上级领导究竟有多关注自己显得更加重要。认为自己受到重视的员工，往往会在工作中表现出更大的主动性，更愿意挑起重担。

因此，在日常工作中，客服主管应花费一定的时间和精力对客服进行相应的指导。对表现优秀的客服进行嘉奖，对表现一般的客服进行鼓励，对表现不佳的客服进行私下劝诫。

4. 加强沟通

很多管理者都是高高在上，发号施令，和员工缺乏足够的沟通。其实，要员工做好事情，不但要告诉他们怎么做，而且要告诉他们为什么这么做，这么做能得到什么好处，让他们从心里愿意去做这些事。

闲暇之余，客服主管可以和客服聊聊工作之外的事情，关心一下客服有没有生活上的困难，要和客服成为朋友。但是，这也要有个度，不要成为过于亲密的朋友，以免出现因私废公的情况。例如，有时候因为关系太好而拉不下脸来责备对方，这会对团体产生负面的影响。

5．通过表扬调动工作积极性

当客服完成了某项任务时，最需要得到的是认可。管理人员的认可是一个效果较好的激励手段，但使用的次数不可太频繁，否则其效果将会减弱。如果只在某些特殊场合或客服达到少有的成就时使用，效果就会大大增加。对于客服来说，得到表扬和肯定就是最大的精神奖励，这可以调动客服的工作积极性，强化客服良好的工作行为。

赞美也是认可员工的一种形式。一般的商家大都吝于称赞员工，有些人甚至认为没有必要。其实，称赞员工惠而不费，效果很好，但前提仍然是此方式不要用得过多。

7.3 实践与练习

1．请简述客服激励的 5 种机制。
2．请围绕客服人员成长的短期、中期、长期目标，建立一套为期一年的客服成长机制，并以客服成长目标表的形式呈现。
3．分别到 58 同城、智联招聘、Boss 直聘、拉勾等网络招聘平台查看客服岗位的工作内容和要求，并进行总结。